essentials

essentials liefern aktuelles Wissen in konzentrierter Form. Die Essenz dessen, worauf es als „State-of-the-Art" in der gegenwärtigen Fachdiskussion oder in der Praxis ankommt. *essentials* informieren schnell, unkompliziert und verständlich

- als Einführung in ein aktuelles Thema aus Ihrem Fachgebiet
- als Einstieg in ein für Sie noch unbekanntes Themenfeld
- als Einblick, um zum Thema mitreden zu können

Die Bücher in elektronischer und gedruckter Form bringen das Expertenwissen von Springer-Fachautoren kompakt zur Darstellung. Sie sind besonders für die Nutzung als eBook auf Tablet-PCs, eBook-Readern und Smartphones geeignet. *essentials:* Wissensbausteine aus den Wirtschafts-, Sozial- und Geisteswissenschaften, aus Technik und Naturwissenschaften sowie aus Medizin, Psychologie und Gesundheitsberufen. Von renommierten Autoren aller Springer-Verlagsmarken.

Weitere Bände in der Reihe http://www.springer.com/series/13088

Ronald Deckert

Digitalisierung, Politik und Verwaltung

Gesellschaftliche Herausforderungen und strategische Steuerung

Ronald Deckert
HFH · Hamburger Fern-Hochschule
Hamburg, Deutschland

ISSN 2197-6708 ISSN 2197-6716 (electronic)
essentials
ISBN 978-3-658-30817-9 ISBN 978-3-658-30818-6 (eBook)
https://doi.org/10.1007/978-3-658-30818-6

Die Deutsche Nationalbibliothek verzeichnet diese Publikation in der Deutschen Nationalbibliografie; detaillierte bibliografische Daten sind im Internet über http://dnb.d-nb.de abrufbar.

Planung/Lektorat: Isabella Hanser
Springer Gabler ist ein Imprint der eingetragenen Gesellschaft Springer Fachmedien Wiesbaden GmbH und ist ein Teil von Springer Nature.
Die Anschrift der Gesellschaft ist: Abraham-Lincoln-Str. 46, 65189 Wiesbaden, Germany

Was Sie in diesem *essential* finden können

- Eine Verortung von Digitalisierung und ihrer Bedeutung für die Gesellschaft
- Ausgewählte Handlungsfelder für Politik und Verwaltung
- Integrierte Gedanken zu Notwendigkeiten nachhaltiger Entwicklung und zur Coronavirus-Krise
- Überlegungen zum strategischen Menschen, der Denken, Fühlen und Handeln verbindet
- Anknüpfungspunkte zu weiteren Offline- und Online-Literaturquellen

Vorwort

Aus einer mehrere Jahrzehnte währenden Entwicklung und Diskussion heraus wird wiederholt die Position deutlich, dass gesellschaftlichen Herausforderungen durch Politik und Verwaltung stärker strategisch gesteuert begegnet werden sollte. Das Handlungsfeld rund um nachhaltige Entwicklung ist ein Beispiel, für das es bereits seit mehreren Jahrzehnten an vorausschauend strategisch wirksamer Konsequenz fehlt.

Die Ereignisse, Erlebnisse und Einsichten zum Handlungsfeld Digitalisierung gipfeln aktuell in Forderungen und konzeptionellen Überlegungen zu dessen Verknüpfung mit dem Handlungsfeld der nachhaltigen Entwicklung, die deutlicher Unterstützung Wert sind. Im Jahre 2020 ist es die Coronavirus-Krise, die der Menschheit – unter deutlichen und mitunter tödlichen Konsequenzen – einmal mehr den Wert und die Notwendigkeiten strategischen Handelns und des vorschauenden Einbezuges wissenschaftlicher Erkenntnis vor Augen führt.

Hieraus können wir alle gemeinsam, Bürgerinnen und Bürger sowie Politik und Verwaltung, lernen und dann gut informiert konsequent handeln. Dies sollten wir einfach alle gemeinsam tun. Dieses essential ist ein Beitrag, der aus verschiedenen Perspektiven hierbei unterstützen kann.

Prof. Dr. Ronald Deckert

Inhaltsverzeichnis

Über den Autor

Prof. Dr. Ronald Deckert
HFH · Hamburger Fern-Hochschule
Alter Teichweg 19
22081 Hamburg
https://www.hfh-fernstudium.de/
Ronald.Deckert@hamburger-fh.de (für Veröffentlichung)
Ronald.Deckert@hamburger-fh.de (für Korrespondenz)

1 Einleitung

Die **Entwicklungen rund um Digitalisierung bieten für Politik und Verwaltung umfassende Herausforderungen von strategischer Tragweite,** wobei nachfolgende Überlegungen im vorliegenden essential gleichermaßen für **Politikerinnen und Politiker, Beschäftigte in Verwaltungsorganisationen** sowie für interessierte **Bürgerinnen und Bürger** relevant sind. Das folgende Grundverständnis in Anlehnung an den WBGU (2019) ist hierfür einführend hilfreich:

> „Der WBGU analysiert Digitalisierung als einen durch technologischen Fortschritt verursachten und mit der Gesellschaft verschränkten, gestaltbaren und zu gestaltenden soziotechnischen Umbruch." (WBGU 2019, S. 50 f.)

Es zeigt sich nach der auf die **Neolithische Revolution** folgenden – mit intensiver Nutzung fossiler Energieträger gefolgt von Notwendigkeiten nachhaltiger Entwicklung verbundenen – **Industriellen Revolution** ein „immer wirkmächtigerer *Wandel durch Digitalisierung*" verbunden mit dem „Weg zur **digital vernetzten Gesellschaft im Anthropozän** [Hervorhebung ergänzt]" (WBGU 2019, S. 50 ff.). Die **Überlegungen im Kontext von Digitalisierung verbunden mit nachhaltiger Entwicklung** werden **heute sehr grundsätzlich** und **reichen bis hin zur Würde des Menschen** (WBGU 2019). Digitalisierung bietet **Chancen** und zugleich **nicht unwesentliche und zu beachtende Risiken und mögliche Nebenwirkungen,** auf die später Bezug genommen wird. Dies spricht einmal mehr für eine **strategische Handlungsweise,** die stets grundlegende Rechte schützt und hierfür Notwendiges einbezieht; beispielsweise zu Cybersicherheit und Datenschutz.

R. Deckert, *Digitalisierung, Politik und Verwaltung,* essentials,
https://doi.org/10.1007/978-3-658-30818-6_1

Das **Denken und Handeln rund um Digitalisierung entfaltet sich vielfältig** über alle Verwaltungsebenen (Bund, Länder, Kommunen) hinweg insbesondere im Kontext von Gesetzgebung, Strategien, IT-Sicherheit und Datenschutz, digitaler Infrastruktur, Organisation, Personal, Kompetenzen, Kulturwandel, Prozessen, Projekten und Partizipation bis hin zur Schaffung von Studiengängen und Forschungsprojekten (Manke 2019; Meineke 2019; Schmid 2019; Lasar 2019; Hill 2019a). Dabei sind viele Fragen offen (Manke 2019) und es werden Frustrationserfahrungen angeführt (Meineke 2019). Nach Lennardt (2019) bleiben viele Städte und Gemeinden hinter dem in Unternehmen erreichten Stand zurück. Die öffentliche Verwaltung steht nach Schmid (2019, S. 3) „am Anfang einer technikgetriebenen und rasant verlaufenden Veränderung", für die es an einer „verwaltungsebenenübergreifenden Strategie" fehlt (Schmid 2019, S. 9). Betreffend die **zielorientierte (strategische) Steuerung** ist es auch hier wesentlich festzustellen, dass nicht davon ausgegangen werden kann, dass diesbezüglich immer eine klare Rollentrennung zwischen Politik und öffentlicher Verwaltung einfach möglich ist und dass eine **Strategielücke als Digitalisierungshindernis** gut konzertiertes Vorgehen beeinträchtigt (Deckert 2006, 2019a). Wie die Diskussionen beispielsweise verbunden mit Datenschutz (DSGVO), mit Aktivitäten rund um die EU-Verordnung 2018/1724 über die Einrichtung eines zentralen digitalen Zugangstors und mit dem Onlinezugangsgesetz (OZG) sowie mit Digitalisierungslaboren und mit der Digitalisierung von Verwaltungsleistungen zeigen, finden sich Bürgerinnen und Bürger – je nach Kenntnisstand und in ihren verschiedenen Rollen wie beispielsweise als Wählerin und Wähler, als Kundinnen und Kunden von Verwaltungsleistungen sowie als Advokaten individueller Interessen in Konfliktfällen – in einer mitunter komplex anmutenden Veränderung rund um Digitalisierung wieder. Insbesondere haben Bürgerinnen und Bürger in Deutschland auch noch kaum im Bereich **digitaler Identitäten** auf breiter Basis Orientierung gewinnen können, die „als Schlüsselfaktor für medienbruchfreie digitale Prozesse" (Riedel 2019, S. 23) gelten. Schritte in diese Richtung müssen auch sehr umsichtig erfolgen, denn:

> „Identitäten stehen im Zusammenhang mit grundsätzlichen Machtfragen. Würde Facebook z. B. die einzige Quelle für Identitäten sein, würde Facebook auch bestimmen, wen es gibt und wen es nicht gibt. Eine der wichtigsten Aufgaben eines Staates ist es, festzustellen, wer seine Bürgerinnen und Bürger sind. Denn nur diese haben Bürgerrechte (immer vorausgesetzt, der Staat ist demokratisch)." (Riedel 2019, S. 24)

Mit der Fokussierung auf die Zielgruppen **Politik, Verwaltung** sowie **Bürgerinnen und Bürger** geht – der Kürze der Ausführungen im vorliegenden essential geschuldet – eine abstrahierende Vereinfachung einher. Eine Zielgruppe, die hierbei zugleich mehr als am Rande mit betrachtet wird, ist **Wissenschaft,** für die sich – auch verknüpft mit Wissenschaftspolitik – beim Wissenschaftsrat (2015) dies findet:

> „Die Bewältigung Großer gesellschaftlicher Herausforderungen hat sich in den letzten Jahren zu einer weiteren wissenschaftspolitischen Zielvorstellung entwickelt, [...]. Diese wissenschaftspolitische Zielvorstellung hat für Wissenschaftlerinnen und Wissenschaftler sowie wissenschaftliche Einrichtungen, die sich dieser Aufgabe annehmen, weitreichende Implikationen: Sie müssen **Disziplinen übergreifende Kooperationen** aufbauen; sie müssen **die Interaktion mit Akteuren aus anderen Teilen der Gesellschaft als eine in diesem Kontext besonders bedeutsame Aufgabe begreifen und vorantreiben**; sie müssen **zusammen mit der Wissenschaftspolitik Mechanismen für die Selbstkoordination von Akteuren mit unterschiedlichsten Interessen entwickeln** und dafür sorgen, dass **Ziele, Leitbilder und Verständnisse von Herausforderungen regelmäßig überprüft werden.** Weder für die Bewältigung der Großen Herausforderungen selbst noch für den wissenschaftlichen Beitrag dazu kann dauerhaft ein Masterplan festgelegt werden. Vielmehr müssen in **Wissenschaft und Wissenschaftspolitik** vielfältige Szenarien entwickelt und jeweils angemessene Handlungsoptionen erarbeitet werden, die regelmäßig revidiert werden müssen, um aktuelle Erkenntnisse berücksichtigen zu können. Dies gelingt aus Sicht des Wissenschaftsrates am besten, wenn eine **Vielfalt autonomer Einrichtungen** die Analyse Großer gesellschaftlicher Herausforderungen und die Entwicklung spezifischer Strategien dezentral vorantreibt, wobei **Transparenz über Ziele und Beiträge der einzelnen Akteure** ein übergreifendes Prinzip sein sollte. [Hervorhebungen ergänzt]" (Wissenschaftsrat 2015, S. 30)

Dieses Zitat verdeutlicht – gleichwohl es keinen expliziten direkten Bezug zu Herausforderungen rund um Digitalisierung herstellt –, dass mit zunehmender Betrachtung weiterer Rollen im Vergleich zur hier vorgenommenen Konzentration auf Politik, Verwaltung sowie Bürgerinnen und Bürger die Komplexität steigt. Im hier gewählten Fokus wird **Wesentliches** deutlich, **das in verschiedenen Kontexten Relevanz entfalten und entsprechend Ergänzung finden kann.** Es liegen hier ausgewählte Ausführungen vor, die mögliche Entwicklungsrichtungen in den Blick nehmen. Auch im Lichte aktueller Entwicklungen rund um die weltweite Krise zum Coronavirus wird einmal mehr deutlich, dass **Wissenschaft mehr als am Rande mit zu betrachten** ist.

Verbunden mit Ereignissen, Erlebnissen und Einsichten zu den – als eng vernetzten Dreiklang zu begreifenden – Begriffs- und Bedeutungskategorien

Digitalisierung, Vernetzung belebter und unbelebter Materie sowie **KI** als **Künstliche** (oder auch technische oder maschinelle) **Intelligenz** (Deckert 2019b; Deckert und Günther 2018; Lübbecke 2015) ist eine **Erhöhung von Transparenz.** Eine gewisse Transparenz entsteht bereits verbunden mit der Speicherung von Daten in analoger Form, allerdings ist heute für viele Menschen unmittelbar einsichtig, dass **durch Digitalisierung,** unter der im Kern insbesondere folgendes zu verstehen ist,

> „*Teile unserer Lebenswelt mittels Bits und Bytes* […] ***digital*** *zu erfassen* bedeutet, dass *kontinuierlich und stufenlos gedachte (analoge) Wertebereiche von Merkmalen unserer Lebenswelt auf diskrete (gestufte) Wertebereiche abgebildet werden* [Hervorhebung ergänzt]" (Deckert und Langer 2018, S. 873).

bei entsprechenden Speicherkapazitäten und Datenverarbeitungsgeschwindigkeiten die Möglichkeiten zur Erzeugung von Transparenz zunehmen. Diese Transparenz geht

1. mit einer **mehr oder weniger genauen digitalen Abbildung unserer Lebenswelt**

einher; wie das Beispiel von mehr oder weniger genauen digitalen Bildern zeigt, die in Dateiform gespeichert je nach Genauigkeit mehr oder weniger Speicherplatz benötigen. Zudem liegen in einer Welt mit vielfältiger Vernetzung von Dingen und Lebewesen – von belebter und unbelebter Materie (Deckert 2019b) – heute

2. **vielfältige Verknüpfungen zwischen Daten** vor und
3. **Transparenz** entsteht **zunehmend auf Entfernung** sowie
4. **zeitlich unmittelbar** und **stetig aktualisiert**

Verbunden mit der Sammlung, Speicherung, Verarbeitung und Analyse von Daten bestehen heute vielfältige Anwendungsmöglichkeiten und es entstehen Felder wie **Data Science** und **Data Engineering.** Diese Entwicklungen insgesamt sind heute technologisch verbunden mit Begriffs- und Bedeutungskategorien wie beispielsweise Monitoring, Cloud, Internet der Dinge, Big Data/Big Data Analytics, Künstliche Intelligenz, Robotik/Robotic Process Automation, Virtual Reality, Augmented Reality, 3D-Druck oder Cybersicherheit (WBGU 2019; Deckert und Saß 2020). Die Etablierung von **Technologien** setzt heute insgesamt vor allem auch auf der **Vernetzung mittels Internet** auf. In den letzten Jahren ist der Anteil an **Internetnutzerinnen und -nutzern an der Weltbevölkerung** auf ungefähr 50 % angestiegen (United Nations 2016, 2018), **mobile Möglichkeiten des Zugangs** haben zugenommen (OECD 2019) und **in Deutschland ist der Anteil**

an Internetnutzern und an mobilen Internetnutzern gestiegen (Initiative D21 2018, 2019).

Eine **zielorientierte (strategische) Steuerung** kann – vor allem auch und einmal mehr verbunden mit diesen Entwicklungen – mit hoher **Transparenz** zu Verwaltungshandeln sowie zu dessen Ergebnissen und Wirkungen einhergehen. Diese Transparenz kann auch vor dem Hintergrund der Legitimationsfunktion von Zielen generell nicht als durch alle Beteiligten zu jeder Zeit erwünscht angenommen werden, denn: durch Transparenz können insbesondere Begründungszwänge für das eigene Handeln entstehen (Deckert 2006). Steuerung von Verwaltungen über Ziele ruht dabei auf quantitativen und qualitativen Informationen und schließt insbesondere an Überlegungen zu Performance Measurement, Evaluation, organisationalem Lernen und Wissensmanagement (Deckert 2006) sowie an systemtheoretisch geprägte Überlegungen von Luhmann (1968, 1976, 2000) an. Transparenz ist berechtigterweise **von großem gesellschaftlichem Interesse –** wie beispielsweise die Tätigkeiten von Organisationen wie Transparency International zeigen. Dies bedeutet nicht, dass zu jeder Zeit in jeder Situation jede Form von Transparenz nur positive Wirkungen hat; wenn beispielsweise in bestimmten Situationen durch bestimmte Informationen eine Massenpanik ausgelöst werden kann, die vernünftiges Handeln in der jeweiligen Situation gegebenenfalls unmöglich macht.

Im vorliegenden essential erfolgt keine Technologiediskussion. Es werden **Überlegungen zu ausgewählten Handlungsfeldern und Herausforderungen** angestellt, die mit dieser Entwicklung für uns als Gesellschaft und als Individuen insgesamt einhergehen. Hierbei stehen Informations- und Wissensasymmetrien, individuelle Kompetenzen im Umgang mit Daten, Informationen und Wissen, Entscheidungen und Kontrolle, Teilhabe und Infrastrukturerhalt sowie digitale Daseinsvorsorge im Zentrum der Überlegungen.

2 Ausgewählte Handlungsfelder für Politik und Verwaltung

> **Trailer** Die Entwicklungen rund um Digitalisierung – und verbunden hiermit insbesondere auch rund um Vernetzung und Künstliche Intelligenz – sind qualitativ und quantitativ zu charakterisieren. Eine ausgewählte **quantitativ geprägte Information** ist die durch den Stifterverband für die Deutsche Wissenschaft (2019, S. 11) in Kooperation mit McKinsey & Company in einer Studie für Deutschland – vor der Coronavirus-Krise – ermittelte Anzahl an ungefähr 700.000 Personen mit „Technological Skills", die bis zum Jahr 2023 in gewerblicher Wirtschaft, Versicherungen und Finanzen gesucht werden und zwar unter anderem mit Fähigkeiten zu komplexer Datenanalyse. Als **qualitativ geprägte Information** diene hier, dass heute Software gegen den Menschen im Poker gewinnt (Hsu 2019; Spice 2017), was verbunden mit einer Diskussion des Sieges der Software Libratus gegen menschliche Pokerspieler im Studienzentrum Stuttgart der HFH · Hamburger Fern-Hochschule seitens Frau A. Sichlidou zur Aussprache des Ausdrucks **„binäres Pokerface"** (Deckert und Günther 2018, o. S.) führt. Mit dem Sieg im Poker stellt Software in diesem Rahmen in beachtlicher Weise die Fähigkeiten zu bluffen und unter Unsicherheiten strategische Entscheidungen zu treffen unter Beweis (Spice 2017).

Mit dem vorliegenden essential werden Handlungsfelder und Herausforderungen in den Fokus genommen, für die sich eine breite und stetig erneuernde Diskussion in Politik und Verwaltung sowie vor allem auch mit Bürgerinnen und Bürgern empfiehlt.

R. Deckert, *Digitalisierung, Politik und Verwaltung*, essentials,
https://doi.org/10.1007/978-3-658-30818-6_2

2.1 Informations- und Wissensasymmetrien

Es haben **nicht alle Stakeholder einer Verwaltungsorganisation stets einen nach Art, Umfang und Qualität identischen Informationsstand;** insbesondere bezüglich der Erledigung von Aufgaben und der Erstellung von Leistungen in und aus der Verwaltungsorganisation heraus bzw. zu den Zielen in der Verwaltungsorganisation und deren Erreichung. Dies gilt nicht nur für Bürgerinnen und Bürger im Vergleich zu Beschäftigten der Verwaltung. Beispielsweise lassen sich im Einklang mit der Prinzipal-Agenten-Theorie verbunden mit einer Übertragung von Entscheidungs- und Ausführungskompetenzen von einem Auftraggeber (Prinzipal) auf einen Auftragnehmer (Agenten) **Informationsasymmetrien** feststellen und hier bestehen Bezüge zur Steuerung von Verwaltungen über Ziele mit Blick auf Steuerungssysteme, Verwaltungskultur und Anreize (Deckert 2006). Im Kontext von Digitalisierung bietet eine zunehmende **Vernetzung von Dingen und Menschen** – oder auch von unbelebter und belebter Materie (Deckert 2019b) – ganz generell ein weites Feld für **Informationsasymmetrien,** wie bereits diese beispielhaften Betrachtungen zeigen:

- Es besteht ein breites Spektrum von **offen im Internet verfügbaren Daten** (Open Data) bis hin zu auf mehreren Stufen **aus Gründen öffentlicher, kommerzieller oder persönlicher Interessen geschützten Daten,** wobei der individuelle Informationsstand natürlich schon bei offen im Internet verfügbaren Daten aufgrund der schieren Menge dieser Daten variiert. Auch je nach **Nutzung von Suchalgorithmen und -routinen** sowie **individuellen Fähigkeit zum Verständnis und zur Einordnung von Informationen aus dem Internet** kann der Informationsstand variieren.
- Für viele von uns ist der Zugang zum Internet heute eine Selbstverständlichkeit. Es darf dabei jedoch nicht vergessen werden, dass – trotz einer in der Einleitung (vgl. Kap. 1) belegten steigenden Verbreitung bzw. Nutzung des Internets – **viele Menschen auf der Welt keinen bzw. keinen regelhaften und umfassenden Zugang zum Internet haben.** Auch dies führt zu Informationsasymmetrien.
- In der heutigen Zeit muss ein Mensch wohl jederzeit damit rechnen, **fake news** zu begegnen, womit Informationsasymmetrien auch dadurch entstehen, das Menschen auf der einen Seite nach bestem Wissen und Gewissen wahrhafte Informationen bereitstellen und Menschen auf der anderen Seite mehr oder weniger bewusst unwahr verortete Daten verbreiten.

- Vor allem einige große Unternehmen etablieren eng verbunden mit ihren Geschäftsmodellen **Prozesse der Informationsbeschaffung im Internet,** die diesen eine exklusive Datenbasis zu Menschen und beispielsweise zu deren Konsumgewohnheiten verschafft. Auch diesbezüglich kann Vernetzung mittels des Internets nicht von allen Menschen gleichermaßen (effektiv) genutzt werden.
- Bei zunehmender **Einordnung und Bewertung von Informationen durch Algorithmen und/oder Künstliche Intelligenz** können Informationsasymmetrien dadurch entstehen, dass Individuen oder Organisationen bestimmte Algorithmen und/oder Methoden Künstlicher Intelligenz zur Verfügung stehen oder nicht. Auch können Individuen oder Organisationen besser oder schlechter in der Lage sein, von Künstlicher Intelligenz erzeugte Bewertungen sachgerecht einzuordnen und zu interpretieren.

Verbunden mit den individuellen Fähigkeiten dazu, die Bedeutung und den Wert von Informationen mit Blick auf Zwecke und Ziele einschätzen zu können – d. h. mit den individuellen Fähigkeiten dazu, mit Blick auf Zwecke und Ziele Informationen sachgerecht zu bewerten, – kann dann nicht nur von Informationsasymmetrien, sondern auch von **Wissensasymmetrien** gesprochen werden. Hier schließen dann auch Überlegungen dazu an, welches Wissen Individuen auf welche Weise zur Orientierung nutzen (Orientierungswissen). Aus dieser Perspektive können **Lerngewohnheiten, individuelle Filter** sowie **Flexibilität, Neugier und Offenheit Neuem gegenüber** bedeutsam sein, deren Ausprägungen Wissensasymmetrien verstärken oder abbauen helfen. **Individuelle Qualifizierung und Bildung** sind für Informations- und Wissensasymmetrien nicht unwesentlich: Beispielsweise wird wohl ein naturwissenschaftlich ausgebildeter Mensch Informationen zum Klimawandel (IPCC 2014, 2018) und zur Biodiversität (IPBES 2019) im Vergleich zu einem sozialwissenschaftlich ausgebildeten Menschen typischerweise auf andere Weise einordnen. Auch an dieser Stelle wird deutlich, dass für komplexe Problemstellungen **Interdisziplinarität** wesentlich ist, die **Vielfalt** zu nutzen hilft, denn um im Beispiel zu bleiben: Ein naturwissenschaftlich grundlegend zu verstehender Klimawandel hat auch soziale Auswirkungen, sodass nur gemeinsam ein Gesamtbild zu erreichen ist. Für den eigenen Informations-/Wissensstand ist die **wirksame individuelle Vernetzung zu verlässlichen Informations-/Wissensquellen sowie zu Menschen, die einem je nach Kontext helfen können, Informationen einzuordnen, zu interpretieren und Schlussfolgerungen zu ziehen,** wichtig.

Es wird nicht generell auszuschließen sein, dass es mindestens bestimmten **Politikerinnen und Politikern** nicht unwichtig ist, dass sie in einer breiten öffentlichen Kommunikation vor allem auch mit solchen Informationen assoziiert werden, die für den Ausgang von Wahlen zugunsten der eigenen Person und/oder der jeweiligen Partei als hilfreich erachtet werden. Auch die öffentliche Verwaltung wird hiervon generell kaum in jeder Situation unbeeinflusst bleiben können. Zugleich besteht gerade auch aus Richtung **öffentlicher Verwaltung** – je nach Themenstellung – **Potenzial für eine weitestgehend meinungsneutrale Bereitstellung von Informationen,** denn: In der öffentlichen Verwaltung kann **potenziell langjährige Erfahrung im Umgang mit einer bestimmten sich stetig nach bestem Wissen und Gewissen weiterentwickelnden Informationsbasis und mit der Analyse zu Grunde liegender Daten** vorliegen bzw. aufgebaut werden. Auf Basis verlässlicher Daten und Informationen können **Bürgerinnen** und **Bürger** grundsätzlich ihre Standpunkte im gesellschaftlichen Diskurs fundiert reflektiert einordnen und entwickeln.

Notwendigkeiten nachhaltiger Entwicklung

Auch mit Blick auf die Notwendigkeiten nachhaltiger Entwicklung können unterschiedliche Informationsstände bei Menschen – in ihren jeweiligen Rollen in der Gesellschaft – vorliegen. Hierbei geht es um komplexe Informationen dazu, wie die **Situation auf dem Planeten Erde ökologisch und sozial** bestellt ist, sowie zu **Handlungsleitlinien wie bspw. die Halbierung der weltweiten CO_2-Emissionen alle 10 Jahre für die kommenden idealerweise vier bis fünf Jahrzehnte.** Die **Informationen dazu, was die oder der Einzelne zu einer positiven Entwicklung beitragen kann, sind umfassend vorhanden.** Allerdings ist – auch vor dem Hintergrund vieler und vielfältiger Informationen – nicht sicher, dass sich Menschen in ihrer Rolle in der Gesellschaft und für sich persönlich auch handlungswirksam hiermit befassen. Gerade auch im Angesicht von fake news muss auch hier wie anderswo gelten: Es muss die „Qualität der Daten […] geprüft, die Sicherheit muss gewährleistet werden" (Hill 2019a, S. 41). **Politikerinnen und Politiker** sowie **Beschäftigte in der öffentlichen Verwaltung –** aber auch Menschen, die in der **Wissenschaft** und für die **Presse** tätig sind, – haben vor diesem Hintergrund **eine besondere Verantwortung** mit Blick auf den Umgang mit und den Abbau von Informations- und Wissensasymmetrien. Hierzu kann zudem jede einzelne **Bürgerin** und jeder einzelner **Bürger** in seinem Umfeld beitragen.

Die Coronavirus-Krise als Chance

Es gilt, **Krisen wie der Coronavirus-Krise durch vorausschauendes Denken und Handeln zu begegnen.** Ist eine Krise eingetreten, sind die **zu mobilisierenden Ressourcen auf deren Bewältigung zu richten.** Zugleich können aus der Krise heraus im Zeichen vorausschauenden Denkens und Handelns – bei aller persönlichen Einschränkung und allem Leid und gerade auch zur Vermeidung zukünftigen Leids durch Krisen – möglicherweise Chancen genutzt werden, für die Zukunft zu lernen. Hierbei können Chancen auch darin liegen, für eine nachhaltige Entwicklung zu lernen. Allerdings erfordert dies, dass Menschen **zum Ende und nach Ende der Krise nicht wieder automatisch in alle diejenigen alten Gewohnheiten zurückfallen,** die von wenig vorausschauendem Denken und Handeln zeugen. Folgendes sollte heute für viele Bürgerinnen und Bürger, die insbesondere in der Coronavirus-Krise nicht unwesentliche Einschränkungen des sozialen Zusammenlebens in der Gesellschaft miterleben und mittragen mussten, klar sein:

> „Die Solidarität muss also wechselseitig sein. Man könnte es plakativ so ausdrücken: Wer achtlos das Virus weitergibt, gefährdet das Leben meiner Großeltern. Wer achtlos CO_2 freisetzt, gefährdet das Leben meiner Enkel." H. J. Schellnhuber im Interview mit Wille (2020)

Dieses Zitat wird hier – wie vom Autor selber auch – ebenfalls als plakativ und zudem als eine Momentaufnahme charakterisiert, denn: **Wir können heute nicht davon ausgehen, dass wir schon umfassend und sicher alle Folgen einer Coronavirus-Infektion kennen.** Dies macht folgende Betrachtungen umso bedeutsamer: Die Coronavirus-Krise kann das Bewusstsein dazu schärfen, dass wir alle zusammen – jenseits aller fake news – daran mitwirken, **Informationsasymmetrien zu Entwicklungen auf dem Planeten und zu Verhaltensweisen mit für uns und für andere lebensbedrohlichen Konsequenzen laufend abzubauen.** Es kann nicht schaden, diese Daueraufgabe in der Demokratie als Bürgerpflicht zu verstehen und zu leben. Menschen in Politik und Verwaltung sowie jede Bürgerin und jeder Bürger entscheiden jeden Tag neu, inwieweit sie hierbei **wissenschaftlich fundierte Methoden und Erkenntnisse wertschätzen und ausgewogen einbeziehen.** Die Coronavirus-Krise zeigt uns bei mitunter tödlichen Konsequenzen, dass Wissenschaft nicht ignoriert werden sollte.

2.2 Individuelle Kompetenzen im Umgang mit Daten, Informationen und Wissen

Es finden sich vielfältige Hinweise darauf, dass auch zukünftig technologisch geprägte und weniger technologisch geprägte Fertigkeiten, Fähigkeiten und Kompetenzen wesentlich sind: Nach O'Neil und Schutt (2014) beispielsweise sollten zum Profil eines sogenannten **Data Scientist** nicht nur Fertigkeiten rund um Computerwissenschaften, Mathematik, Statistik und Machine Learning, sondern auch rund um Kommunikation, Präsentation und Datenvisualisierung gehören. Menschen sollten sich auch und gerade in einer stärker technologisch geprägten Zukunft beispielsweise mit ihren **Problemlösungsfähigkeiten** und **kritischem Denken** sowie mit **Kreativität** und **Neugier** auseinandersetzen und profilieren, wofür sich bei Deckert (2019b, S. 29 f.) ausgewählte Quellen zusammengestellt finden. Insbesondere auch Problemlösungsfähigkeiten und kritisches Denken sowie weitere Fertigkeiten, Fähigkeiten und Kompetenzen sind wesentlich, da wir es nicht mehr nur mit komplizierten Problemen, sondern mit sogenannten „wicked problems“ zu tun haben, die beispielsweise im Kontext strategischen Managements relevant sind (de Wit und Meyer 2014; Mason und Mitroff 1981). Das **Lösen von Problemen in der realen Welt** – das nach Mason und Mitroff (1981) insbesondere mit Gedanken rund um Partizipation, Zweifel, Integration und Unterstützung zwecks Einblick in Komplexität verbunden ist – kann Aoun (2017) folgend uns Menschen helfen, uns für das Zeitalter eines vermehrten Einsatzes Künstlicher Intelligenz zu wappnen, denn: Künstliche Intelligenz kann typischerweise eher gut mit vergleichsweise einfacher strukturierten Problemen umgehen. Kurzum: Menschen sollten komplexe Probleme aus der realen Welt lösen, um sich auf die Zukunft vorzubereiten. Für Probleme realer Welt findet sich aktuell beispielsweise bei Scharmer (2018a, o. S.) die Charakterisierung mittels des Akronyms **VUCA** (volatility, uncertainty, complexity, ambiguity).

Folgt man einer Studie des Stifterverband für die Deutsche Wissenschaft (2019, S. 9) in Kooperation mit McKinsey & Company so sind zukünftig Fertigkeiten, Fähigkeiten und Kompetenzen in den Bereichen **„Classic Skills“**, **„Digital Citicenship Skills“** und **„Technological Skills“** wichtig. Insoweit nach dieser Studie des Stifterverbandes für die Deutsche Wissenschaft (2019, S. 11) in Kooperation mit McKinsey & Company – vor der Coronavirus-Krise für Deutschland ermittelt – in gewerblicher Wirtschaft, Versicherungen und Finanzen bis zum Jahr 2023 700.000 Personen mit „Technological Skills“ gesucht werden, wovon 455.000 Personen „Komplexe Datenanalyse“ beherrschen sollten, lohnt sich der Hinweis, dass hierunter in dieser Studie folgendes zu verstehen ist:

> „**Komplexe Datenanalyse** […] Große Datenmengen effizient mit analytischen Methoden untersuchen, um Informationen zu gewinnen; dies umfasst auch das Entwickeln von künstlicher Intelligenz (KI) [Hervorhebung ergänzt]“ (Stifterverband für die Deutsche Wissenschaft 2019, S. 9)

In Zukunft könnten vor diesem Hintergrund viele Menschen stärker vor der Frage stehen, ob und inwieweit sie sich mit den eigenen Fertigkeiten, Fähigkeiten und Kompetenzen **1) rund um die Analyse komplexer Daten** und zudem mit Künstlicher Intelligenz befassen sollten, um **2) Ergebnisse und Erkenntnisse aus der Anwendung Künstlicher Intelligenz sachgerecht einordnen sowie dem eigenen Denken und Handeln ausgewogen zu Grunde legen zu können.** Letzteres kann insbesondere darüber erfolgen, dass man lernt **3) Methoden Künstlicher Intelligenz sachgerecht und kreativ anwenden** zu können. Die Befassung mit Künstlicher Intelligenz kann grundsätzlich für alle wichtiger werden, denn: Politikerinnen und Politiker, Beschäftige in der Verwaltung sowie Bürgerinnen und Bürgern tragen in ihren Funktionen und Rollen Verantwortung dafür, dass Daten sachgerecht erhoben, verarbeitet und interpretiert werden, um **auf dieser Basis ausgewogene und zukunftsfähige Entscheidungen zu treffen.**

Notwendigkeiten nachhaltiger Entwicklung
Die Entwicklungen rund um Digitalisierung haben es ermöglicht, dass **Wissenschaftlerinnen und Wissenschaftler** eine qualifizierte Einordnung zur **Situation auf dem Planeten Erde** aus **ökologischer und sozialer Perspektive** sowie zu den **Handlungsnotwendigkeiten wie bspw. die Halbierung der weltweiten CO_2-Emissionen alle 10 Jahre für die kommenden idealerweise vier bis fünf Jahrzehnte** vornehmen konnten. Herausforderung ist und bleibt, dass – in je nach Situation jeweils relevanten Wissenschaftsdisziplinen nicht ausgebildete – **Menschen mit verschiedenen Funktionen in Politik, Verwaltung und Gesellschaft, die Bewertung von Wissenschaftlerinnen und Wissenschaftlern dann ernst nehmen und in das eigene Denken und Handeln wirksam einbeziehen, wenn eine nachhaltig erfolgreiche Problemlösung dies erfordert.**

Die Coronavirus-Krise als Chance
Aus der Coronavirus-Krise heraus wird deutlich, dass **der Einbezug von Wissenschaftlerinnen und Wissenschaftlern erforderlich** sein kann, um aus Daten, Informationen und Wissen wirksam notwendiges Handeln folgen zu lassen; und dies in aller Konsequenz insbesondere auch für die Verminderung von Leid und Tod. Dabei zeigt die Coronavirus-Krise in besonderer Weise auf, dass gerade auch mit Blick auf Entwicklungen mit exponentiellem Charakter vorausschauendes Handeln unabdingbar ist. Am Beispiel der Coronavirus-Krise haben viele Menschen Entscheidungen insbesondere im Spannungsfeld einer Rettung von Menschenleben und der Ausübung von Freiheitsrechten sowie wirtschaftlicher Betätigung erlebt. Es ist erwähnenswert, dass die Situation von Herausforderungen,

die das Gesundheitssystem nicht bewältigen kann, – wie hier http://dipbt.bundestag.de/doc/btd/17/120/1712051.pdf (abgerufen am 16.05.2020) und dort auf Seite 5 ersichtlich – im Jahr 2012 mittels einer angenommenen Coronavirus-Pandemie für Deutschland simuliert wurde. Insoweit lagen für die Coronavirus-Krise vorausschauende Erkenntnisse im Vorfeld vor.

Das Coronavirus ist insoweit im Vergleich zum Klimawandel einfacher zu bekämpfen, als dass man durch die – für alle Menschen zunächst einmal identische und gut zu verstehende – Maßnahme einer Vermeidung von sozialem Kontakt Ansteckung von einem Moment auf den anderen vermindern kann, sodass man das Virus so auf einer Zeitskala von Monaten und spätestens Jahren hoffentlich wirksam bekämpft. Die Entwicklung der Konzentration von CO_2 in der Atmosphäre ist hingegen ein Prozess auf der Zeitskala von Jahrzehnten. Trotzdem **steht zu hoffen, dass der konsequente Einbezug von Wissenschaft in Zukunft auch für eine nachhaltige Entwicklung gelingt,** denn: Auf Berichte wie beispielsweise von Meadows et al. (1972) und Randers (2012) sowie seitens Weltklimarat (IPCC 2014; 2018) und IPBES (2019) wurde durch die Weltgemeinschaft bis heute nicht umfassend und lange nicht hinreichend reagiert. Auch wenn die Auswirkungen nicht nachhaltiger Prozesse und Verhaltensweisen in der Gesellschaft – bspw. verbunden mit der Erderwärmung und dem Verlust von Biodiversität mit jeweils schwerwiegenden Folgewirkungen – nicht derart unmittelbar auftreten wie Auswirkungen von Verhalten in der Coronavirus-Krise, so **sind gerade für eine nachhaltige Entwicklung auf längerer Zeitskala vor allem auch mit Blick auf den Klimawandel Vernunft und Weitblick gefragt, um unliebsame und auch dort tödliche Auswirkungen zu verhindern.**

2.3 Entscheidungen und Kontrolle

Dieser Abschnitt schließt an den vorherigen Abschnitt an, insoweit Menschen insbesondere auch rund um Entscheidungen und Kontrolle ihre Kompetenzen im Umgang mit Daten, Informationen und Wissen einsetzen. Zentral sind in diesem Zusammenhang Fragestellungen dazu, **auf welche Art und Weise sowie in welchem Umfang Menschen in Zukunft Entscheidungen treffen und Kontrolle ausüben;** und zwar verbunden mit Fragestellungen dazu, inwieweit Menschen durch **technische Hilfsmittel** hierbei unterstützt werden sowie welche Art eines – mehr oder weniger bewussten – **Zusammenwirken von Menschen und Maschinen** hierbei jeweils wirksam ist. Im vorliegenden Abschnitt können – wie im essential insgesamt – allein ausgewählte Gedanken präsentiert werden.

2.3.1 Vorbemerkungen zu Künstlicher Intelligenz

Das Treffen von **Entscheidungen auf strategischer Ebene** sollte im Einklang mit Davenport (2016) nach wie vor durch Menschen erfolgen:

> „There is **a level of sense-making that only a human strategist is capable of** — at least for now. It's a skill that will be more prized than ever as we enter an era of truly strategic human-machine partnerships. [Hervorhebungen ergänzt]" (Davenport 2016, S. 23)

Folgt man den Überlegungen von Parmar und Freeman (2016) sollten Menschen dabei **aus einer ethischen Perspektive heraus wohlüberlegt Kontrolle über Entscheidungen wahrnehmen und die Verantwortung hierfür tragen:**

> „Questions about the judgments implicit in machine-driven decisions are more important than ever if we are to choose how to live a good life. Understanding **how ethics affect the algorithms** and **how these algorithms affect our ethics** is one of the biggest challenges of our times. [Hervorhebungen ergänzt]" (Parmar und Freeman 2016, S. 11)

Dies gilt einmal mehr vor dem Hintergrund, dass **der Einsatz künstlicher Intelligenz mit nicht unwesentlichen Nebenwirkungen einhergehen kann und mit entsprechenden Risiken behaftet ist;** und zwar bedingt durch 1) versteckte Verzerrungen („hidden biases") sowie 2) statistisch geprägte Lösungen („statistical truths rather than literal truths"), die Einzelfälle nicht adäquat abdecken, wofür 3) Korrekturmechanismen schwer zu etablieren sind (Brynjolfsson und McAfee 2017, o. S.). Insoweit verwundert nicht, dass Broussard (2018) zu folgender Bewertung kommt:

> „We need to **audit algorithms**, watch out for inequality, and reduce bias in computational systems, as well as in the tech industry. [Hervorhebungen ergänzt]" (Broussard 2018, S. 194)

Nach Johannes Brandstetter stehen wir – was Künstliche Intelligenz betrifft – noch am Anfang (ÖAW 2019) und Jordan (2019) folgend **liegen insbesondere noch gewichtige konzeptionelle Fragestellungen vor uns.** Insoweit ist es richtig, dass wir betreffend Strategische Mensch-Maschine-Partnerschaft (vgl. Abschn. 3.2) als wichtige Kategorie neben anderen die **Kontrolle** betrachten (Deckert, Metz und Günther 2019).

2.3.2 Ausgewähltes spezifisch für öffentliche Verwaltung

Erfahrungen aus Machbarkeitsstudien zur **(Teil-)Automatisierung von Entscheidungen** in der öffentlichen Verwaltung ohne Einbezug von Künstlicher Intelligenz im Sinne maschinellen Lernens zeigten – Müller und Peper (2019) folgend – insbesondere diese Punkte auf:

- Einfluss **besonderer Rahmenbedingungen** vor allem auch in Form von Rechtsnormen, Grundsätzen wie beispielsweise Amtsermittlungsgrundsatz, Transparenz, Nachvollziehbarkeit und Gleichbehandlung sowie hohe Qualitätsansprüche von Verwaltungsbeschäftigten,
- Einfluss durch Klärung der **Abgrenzung von gebundenen Entscheidungen und Entscheidungen mit Ermessensspielraum,**
- **Herausforderungen in der Bereitstellung von Daten** sowie
- **Notwendigkeiten einer Abstimmung zwischen Fachbereichen und IT.**

Bei Müller und Peper (2019, S. 247 f.) finden sich insbesondere auch Hinweise auf 1) hohe Akzeptanzwerte für die Automatisierung von vorbereitenden (Routine-) Tätigkeiten, 2) gute Erfahrungen mit interdisziplinären Teams, 3) Notwendigkeiten „die neuen Ansätze ausgehend vom Zielbild zu denken" sowie 4) „Verantwortung für die Umsetzung den Fachbereichen zu übertragen". Dabei ist und bleibt es wichtig, dass „Effizienzsteigerung und Automatisierung unter Beibehaltung der Qualität und Verlässlichkeit" (Müller und Peper 2019, S. 249) erfolgen. Hiermit finden Überlegungen auch bereits aus einer Zeit vor Betrachtung einer Automatisierung von Entscheidungen in Teilen eine Fortsetzung wie beispielsweise, dass Budäus und Buchholtz (1997) neben **Rechtmäßigkeit** die **Qualität** als eine zentrale Randbedingung für ihre Betrachtungen rund um Effektivität und Effizienz im Kontext des 3-E-Konzeptes angeben.

Betreffend den **Einsatz künstlicher Intelligenz** geht Hill (2019b) davon aus, dass zu wenige Daten bereitstehen könnten bzw. bei datenschutzrechtlichen Hürden gegebenenfalls nicht zu nutzen sind. Dies kann insoweit entscheidend sein, als dass nach Zechmeister et al. (2019, S. 43) „*Künstliche Intelligenz* [...] *nur so gut sein* [kann], *wie die Daten, mit denen sie arbeitet*" und zwar mit Blick auf die **Genauigkeit** des auf Basis der Daten entstandenen Algorithmus sowie auf eine Verstärkung von **Diskriminierung oder Unterrepräsentierung,** die in den

Daten auftritt. Auch geht Hill (2019b) davon aus, dass Werte Berücksichtigung finden müssten:

> „Unsere Werte wie **Gemeinwohlorientierung**, **Toleranz** und **Diversität** muss auch die Künstliche Intelligenz lernen und anwenden. Dies ist eine Riesenaufgabe. [Hervorhebungen ergänzt]" (Hill 2019b, S. 35)

Gleichwohl Beispiele für Künstliche Intelligenz in der Anwendung heute bereits international zu finden sind und dies für unterschiedliche Bereiche wie Asyl, Justiz oder Sozialhilfe (Zechmeister et al. 2019), wird festgestellt:

> „**Bei kritischen Fällen und Entscheidungen ist der Mensch der Maschine heute noch oft weit überlegen**. [Hervorhebungen ergänzt]" (Zechmeister et. al 2019, S. 42)

> „[…] Fachexpertise aus Behörden und Expertise zum maschinellen Lernen [sind] miteinander zu kombinieren. […] Insbesondere bei Entscheidungen, die menschliche Einzelschicksale betreffen, muss sensibel vorgegangen werden. Verwendete **Daten müssen genau untersucht**, **bekannte Vorurteile** in der Entwicklung **berücksichtigt** und bisher **unbekannte Probleme identifiziert werden**. [Hervorhebungen ergänzt]" (Zechmeister et. al 2019, S. 43)

Die **Sicherstellung von Nachvollziehbarkeit und Transparenz** behördlichen Handelns kann beim Einsatz Künstlicher Intelligenz eine Herausforderung sein (Zechmeister et al. 2019). Diese Herausforderung wird gegebenenfalls gar nicht generell befriedigend zu lösen sein und dies selbst dann, wenn Künstliche Intelligenz gar nicht Entscheidungen tatsächlich trifft, sondern eben „nur" Entscheidungen vorbereitend bzw. begleitend eingesetzt wird und bspw. Entscheidungsvorschläge für menschliche Entscheider unterbreitet. Mit Blick auf **Nachvollziehbarkeit und Transparenz** können Verfahren wie **Neuronale Netze bzw. Deep Learning gegenüber einfachen Entscheidungsbäumen im Nachteil sein** (Zechmeister et al. 2019). Ist die technologische Kompetenz in der öffentlichen Verwaltung nicht vorhanden, kann es zu einem zusätzlichen Problem werden, wenn beteiligte externe Dienstleistern Algorithmen gegebenenfalls nicht offenlegen (Zechmeister et al. 2019). Weitere sich hier anschließende Überlegungen zu **Risiken** die **Legitimation und Kontrolle** von Entscheidungen sowie die **menschliche Verantwortung** betreffend finden sich in Kap. 3 und hier in Abschn. 3.2.

▶ **Tipp** Insbesondere die Entwicklungen rund um die **Ethics Guidelines for Trustworthy AI** hier unter diesem Link https://ec.europa.eu/knowledge4policy/publication/ethics-guidelines-trustworthy-ai_en (abgerufen am 16.05.2020), zur **deutschen KI-Strategie** hier https://www.ki-strategie-deutschland.de/home.html (abgerufen am 16.05.2020) oder auch seitens des **Kompetenzzentrums Öffentliche IT** unter diesem Link https://www.oeffentliche-it.de/publikationen (abgerufen am 16.05.2020) können sich lohnen weiter zu beobachten.

Notwendigkeiten nachhaltiger Entwicklung
Bei aller Vorsicht, die dem Einsatz von Algorithmen gebührt, kann erwogen werden, ob, inwieweit und unter welchen Rahmenbedingungen im Einklang mit Recht und Gesetz die Erzeugung von **Transparenz** für nachhaltige Entwicklung hilfreich unterstützend wirken kann. So findet sich bei Deckert (2020a) der Gedanke einer APP als Beispiel benannt, die einem – gegebenenfalls mittels Transparenz über Kalorien und den ökologischen Fußabdruck von zu sich genommenen Nahrungsmitteln – zugleich hilft, sich so zu ernähren, dass dies der eigenen Gesundheit und einer nachhaltigen Entwicklung zuträglich ist.

Die Coronavirus-Krise als Chance
Betreffend die Coronavirus-Krise wird aktuell eine APP auf Mobiltelefonen erwogen, die dabei unterstützt einer Ausbreitung von Ansteckung entgegen zu wirken. Hier ist der Einsatz von https://corona-nearby.com/ in Südkorea im Jahre 2020 ein Beispiel und dies vor dem Hintergrund von Erfahrungen dort mit dem MERS-Virus einige Jahre zuvor. Es sind mitunter tödliche Konsequenzen, die den Einsatz von Mitteln wie diesen unter bestimmten Rahmenbedingungen mindestens überlegenswert erscheinen lassen. Zudem kann mit den Mitteln rund um Digitalisierung **problemlösungsorientiertes Denken und Handeln** auch unter der in der Coronavirus-Krise bestehenden Rahmenbedingung des Zu-Hause-Bleibens **unterstützt werden,** wie das Beispiel des WirvsVirus-Hackathons der Bundesregierung im März des Jahres 2020 zeigt.

2.4 Teilhabe und Infrastrukturerhalt

Wichtige Fragestellungen rund um Digitalisierung und Technisierung lassen sich insbesondere Deckert und Langer (2018) folgend aus dem Bereich sozialer Dienstleistungen gewinnen; und zwar betreffend **gleichberechtigte Nutzung** und **Infrastrukturerhalt.** Es muss stets wichtig bleiben zu fragen, ob das, was rund um Digitalisierung und Technisierung möglich ist, auch tatsächlich **dem Wohl des Menschen dient** und ob es **dem Wohl Einiger vielleicht deutlich mehr dient als dem Wohl Anderer.** Hier sind Gedanken zu **‚voice'-** und **‚exit'-Optionen** bedeutsam sowie dazu, inwieweit beim Einsatz von Digitalisierung und Technisierung sozialer Dienstleistungen der **Erhalt ‚analoger' Infrastruktur** erfolgt und zwar mit der **Option alternativer Nutzung nach Bedarf** insbesondere auch aus Gründen der Sicherheit und der Gleichberechtigung (Deckert und Langer 2018). Auch vor diesem Hintergrund ist zum Stichwort Teilhabe das **Spannungsfeld von Selbstbestimmung und Fremdbestimmung** in die Überlegungen rund um Strategische Mensch-Maschine-Partnerschaft integriert (Deckert 2020a). Es ist ratsam als Mensch zu wissen, was man gut kann und möchte (Eignung und Neigung), damit man dies im Rahmen seiner Einflussmöglichkeiten nicht ohne guten Grund an Maschinen abgibt (Deckert 2019b).

Notwendigkeiten nachhaltiger Entwicklung
Im Zentrum eines normativen „Kompass für die Große Transformation zur Nachhaltigkeit in einer digitalisierten Gesellschaft" steht nach WBGU (2019, S. 3) die **Würde des Menschen** verbunden mit *Erhaltung natürlicher Lebensgrundlagen, Teilhabe* und *Eigenart bzw. Vielfalt als Ressource.*

Die Coronavirus-Krise als Chance
Die Coronavirus-Krise zeigt am Beispiel der Verfügbarkeit von Schutzkleidung vor allem auch für medizinisches Personal eindrücklich, dass **Infrastrukturerhalt** in einer Krise **überlebenswichtig** sein kann und die Möglichkeiten rund um Digitalisierung mögen dabei unterstützen können, dies grundsätzlich bedarfsgerecht zu planen und vorzubereiten. Die Bedeutung von Infrastrukturerhalt ist hiermit wohl einmal mehr ins Bewusstsein gelangt mit der Folgefrage, ob wir es für das Wohl aller Menschen schaffen, **im Zuge von Digitalisierung bewährte ‚analoge' Infrastruktur an entscheidender Stelle auch zu erhalten** (bspw. Erhalt individueller Unterstützungsmöglichkeiten im persönlichen Miteinander vor allem für ältere Menschen zusätzlich zu rein digital verfügbarer Unterstützung).

2.5 Digitale Daseinsvorsorge

Der Bedeutungskontext rund um eine beispielsweise wie folgt einzuordnende Daseinsvorsorge

> „Daseinsvorsorge umfasst die Sicherung des allgemeinen und diskriminierungsfreien Zugangs zu existentiellen Gütern und Leistungen einschließlich deren Bereitstellung entsprechend der Bedürfnisse der Bürger und auf der Grundlage definierter qualitativer und quantitativer Standards." (Schäfer 2020, o. S.)

erstreckt sich heute auf intensive Überlegungen insbesondere auch zu Daten als strategische Ressource sowohl mit Blick auf die „Entwicklung hin zu einer auch digitalen Daseinsvorsorge" und „Digitalpolitik" wie auch mit Blick auf kommunale „Unternehmen als Teil der modernen Digitalwirtschaft" (Voigt, Sinemus und Liebetanz 2020, S. 4).

> **Tipp**
> Hier https://wirtschaftslexikon.gabler.de/definition/daseinsvorsorge-28469 (abgerufen am 16.05.2020) kann ein Überblick beispielsweise über existenzielle Leistungen der Daseinsvorsorge erlangt werden wie *„Abwasserentsorgung/Wasserversorgung, Bildung, Brand- und Katastrophenschutz incl. Rettungswesen, Elektrizitätsversorgung, Friedhöfe/Krematorien, Gasversorgung, Geld- und Kreditversorgung, Gewerbliche Entsorgung/Kreislaufwirtschaft, Gesundheit (Krankenhäuser, ambulante Versorgung, Vor- und Nachsorge, Pflege), Hoheitliche Entsorgung (haushaltnahe Abfälle, gefährliche Abfälle, Tierkörperbeseitigung), Kultur, Öffentliche Sicherheit, Post, Straßenreinigung, Telekommunikation/Internet, Verkehrs- und Beförderungswesen, (Schienen, Straßen, Wasserstraßen, Luftverkehr), Wohnungswirtschaft".*
>
> Unter diesem Link https://www.quadriga-university.com/de/download/document/1055 (abgerufen am 16.05.2020) kann die *Studie von* Voigt, Sinemus und Liebetanz (2020) eingesehen werden.

In diesem letzten Abschnitt zu Kap. 2 wird für die beschriebenen Handlungsfelder für Politik und Verwaltung abschließend folgende zusammenfassende Abb. 2.1 vorgestellt.

Notwendigkeiten nachhaltiger Entwicklung
Im Zuge der Erreichung einer nachhaltigen Entwicklung wird sich zeigen, **ob, welche und auf welche Weise Leistungen der – auch digitalen – Daseinsvorsorge mit**

Abb. 2.1 Ausgewählte Handlungsfelder für Politik und Verwaltung

einer langfristigen Perspektive orientiert an Wohl und Würde der Menschen verlässlich erbracht werden.

Die Coronavirus-Krise als Chance

Die Coronavirus-Krise zeigt insbesondere auch einmal mehr auf, wie wichtig die **Verlässlichkeit von Leistungen der Daseinsvorsorge** beispielsweise im Gesundheitssystems ist. Die Herstellung und der Erhalt dieser Verlässlichkeit für Leistungen der Daseinsvorsorge sollte als unabdingbare kontinuierliche Aufgabe für Menschen in Politik und Verwaltung gelten; grundsätzlich für alle Fach- und Führungskräfte zu jeder Zeit an jedem Ort. Es ist bekannt, dass diese Verlässlichkeit mehr oder weniger gut erreicht wird, was die hohe Bedeutung kontinuierlicher Aufmerksamkeit hierauf unterstreicht.

Für die Daseinsvorsorge wichtige Leistungen erbringen **Menschen,** die in unterschiedlichen Feldern wie beispielsweise der Krankenpflege und in vielen weiteren Bereichen der Gesellschaft – und zudem auch in Politik und Verwaltung – tätig sind, wobei **persönlichem Einsatz** gerade in Zeiten der Krise oftmals hoher **Respekt** gezollt und hohe **Wertschätzung** entgegengebracht wird. Denken, Fühlen und Handeln zum Wohle von Menschen und der Menschheit insgesamt kann nachhaltige Entwicklung fördern und dies vor allem dann, wenn dieser Respekt und wenn diese Wertschätzung nicht auf Zeiten der Krise beschränkt bleiben, sondern idealerweise in der Gesellschaft und in der persönlichen Begegnung immer wieder klar zum Ausdruck kommen.

Der Mensch im Mittelpunkt 3

▶ **Trailer „Wie es nicht geht, weiß ich selbst"** stand auf einem Schild auf dem Schreibtisch einer für ein großes Veränderungsprojekt verantwortlichen Führungskraft in einer Organisation in der öffentlichen Verwaltung, für die ich einige Monate als Berater tätig war. Dies kann zum Verhältnis von Menschen und Maschinen unsere Gedanken anregen: Bringt der Menschen in einer Strategischen Mensch-Maschine-Partnerschaft – neben sozialer und emotionaler Intelligenz sowie Teilen psychomotorischer und kognitiver Intelligenz – nicht in besonderer Weise beispielsweise auch Haltung und Humor ein?

Zu jeder Zeit kann Handeln ohne Ziele beliebig ausfallen, wobei heute Mensch und Maschine zunehmend zusammenwirken können, um vom Menschen für wertvoll erachtete strategische Ziele zu erreichen. Vor diesem Hintergrund bietet es sich an, Denken, Fühlen und Handeln auf Zukunft hin zu verbinden. Bei diesen Überlegungen steht stets der Mensch im Mittelpunkt. Jede und jeder einzelne von uns ist zu jedem Zeitpunkt gefragt, denn: Systeme übernehmen keine Verantwortung. Wir übernehmen Verantwortung und dies im Zeitalter des Anthropozäns für die Zukunft der Menschheit und ihres planetaren Lebensraums Erde. Dies erfolgt hoffentlich im Bewusstsein für die Bedeutung verlässlicher – und zugleich hinreichend flexibler – demokratisch verankerter Regeln, Strukturen und Abläufe der Daseinsvorsorge, um im Einklang mit der Natur mit ihren ebenfalls verlässlich wirkenden – durch die Naturwissenschaften beschriebenen – Naturgesetzen zu leben. Ein angemessener Umgang des Menschen mit den Konsequenzen von – nach allem, was wir wissen, – unabwendbar gültigen Naturgesetzen ist für die Erreichung einer nachhaltigen Entwicklung wie auch bei der Überwindung von Krisen beispielsweise ausgelöst durch Pandemien von (über-)lebenswichtiger Bedeutung.

R. Deckert, *Digitalisierung, Politik und Verwaltung*, essentials,
https://doi.org/10.1007/978-3-658-30818-6_3

3.1 Zielorientierte Steuerung und der strategische Mensch

„Die richtigen Zwecke liegen nicht auf der Straße.“ (Niklas Luhmann)

Es sind Menschen, die unter den jeweiligen Rahmenbedingungen und vor dem Hintergrund der eigenen Haltung und Ambitionen **1) persönliche Ziele verfolgen** und zudem **2) in ihrer jeweiligen Rolle in der Gesellschaft Ziele festlegen und zugehörige Entscheidungen treffen.** Bei einer Rolle verbunden mit einer Verwaltungsorganisationen, für die Menschen tätig sind, kann es sich hierbei vor allem um **Entscheidungen**

- **zu Zielen,**
- **zu zielorientiertem Handeln,**
- **zu zielorientiertem Ressourceneinsatz** sowie
- **zu zielorientierter (strategischer) Steuerung** für Verwaltungsorganisationen (gegebenenfalls inklusive deren Vernetzung), für Teile von deren Aufgaben und/oder für eigene Tätigkeiten

handeln. Aller Erfahrung nach besteht in der Praxis für Verwaltungsorganisationen ein **weites Spektrum von keiner Nutzung explizit formulierter Ziele bis hin zur Nutzung von Zielen,** die beispielsweise für Referate, für Abteilungen oder auch für eine Verwaltungsorganisation insgesamt gegebenenfalls im Rahmen von Projekten erarbeitet werden. Strategische Steuerungsinstrumente, die in der Breite einer Verwaltungsorganisation wirken und stetig fortgeschrieben Anwendung finden, gibt es in sehr weiten Teilen der öffentlichen Verwaltung in Deutschland praktisch nicht. Die hiermit einhergehende **Strategielücke** kann als Digitalisierungshindernis wirken (Deckert 2019a). Zugleich besitzt nach Hill (2019a, S. 41) „Digitalisierung das Potenzial, Innovationen zu erzielen“. Und es ist wiederum der Mensch, der sich entscheidet, sich beispielsweise die von Hill (2019a) vorgeschlagenen „digitalen Strategien“

- „Datenbasierte Steuerung“,
- „Nutzerzentrierung“,
- „Vernetztes, interaktives Vorgehen“,
- „Agile Echtzeit-Steuerung, Resilienz“,
- „Experimentelles Vorgehen“,
- „Integration in das Management“ und
- „Initiative, Gestaltung“

zu eigen zu machen. Auch vor dem Hintergrund einer in diesem Lichte notwendigen Weiterentwicklung von **Kompetenzen** (Hill 2019a) steht zu hoffen, dass sich in Zukunft in Organisationen – und speziell in öffentlichen Verwaltungen – vor allem auch diejenigen Kompetenzen gut ausgebaut finden, die es Menschen erlauben, zunehmend und auf allen Ebenen soweit möglich strategisch zu denken und zu handeln. Für die Etablierung einer zielorientierten (strategischen) Steuerung müssen sich Menschen dann beispielsweise entscheiden, für welche Bereiche und in welchen Situationen Ziele wie klar genau formuliert werden (eine etwas verminderte Klarheit von Zielen kann auch Flexibilität bieten) und inwieweit quantitative und/oder qualitative Informationen zur Steuerung herangezogen werden sollen (Deckert 2006).

▶ **Tipp** Unter diesem Link https://ediss.sub.uni-hamburg.de/volltexte/2006/2789/pdf/DISSRD.pdf (abgerufen am 16.05.2020) finden sich im Rahmen eines im Lichte langjähriger Praxiserfahrungen entstandenen Modells vielfältige **Hinweise zur Ausgestaltung einer Steuerung über Ziele** beispielsweise zu **Zielarten und -typen** (vgl. ab Seite 108), zur **Bestimmung der Erreichung von Zielen** (vgl. ab Seite 133) inkl. einer **Berichtskizze** (vgl. Seite 155 und dort Abb. 15) und **Einflussfaktoren auf die Ausgestaltung von Methoden** (vgl. Seite 159 und dort Abb. 16) sowie zur Klarheit von Zielen (vgl. ab Seite 167) und zu Motivation, Führung und Legitimation (vgl. ab Seite 193).

Auf verschiedenen Ebenen trifft **„der strategische Mensch"** mal in seiner **Rolle als Zielnehmer** und mal in seiner **Rolle als Zielgeber** (Deckert 2006, S. 72, 140 ff., 152 f., 153 ff.) immer wieder **Entscheidungen zur Formulierung und/oder Nutzung von Zielen.** Der strategische Mensch sorgt

- vor dem Hintergrund des **Umgangs mit Informationsasymmetrien** (vgl. Abschn. 2.1),
- unter **Einzug der Kompetenzen** seitens der Beteiligten (vgl. Abschn. 2.2),
- verbunden mit **angemessenen Entscheidungs- und Kontrollprozessen** (vgl. Abschn. 2.3) sowie
- **unter Berücksichtigung von Teilhabe und Infrastrukturerhalt** (vgl. Abschn. 2.4)

jederzeit mit dafür, dass kommuniziert und verstanden wird, worin **der Wert (der Erreichung) der Ziele** liegt. Der **Kausal- und Wertkontext der Ziele** kann dann vor allem auch **verlässliche und langfristig ausgerichtete Strukturen und Abläufe der Daseinsvorsorge** (vgl. Abschn. 2.5) umfassen. Neben **Zielen mit generellem Wert für die Gesellschaft** (bspw. zwecks Anwendung von Gesetzen, Festlegung von Leistungsstandards für öffentliche Dienstleistungen, etc.) bestehen **Ziele für Handlungsfelder wie Digitalisierung,** wobei Digitalisierung im Allgemeinen eng mit Handlungsfeldern von generellem Wert wie einer nachhaltigen Entwicklung oder der Bewältigung von Krisen zu verbinden ist. Ein reiner Selbstzweck für Digitalisierung genügt für eine Gestaltung realer nachhaltiger Zukunft unserer Gesellschaft allein nicht. Die **Verbindung von Digitalisierung und nachhaltiger Entwicklung** (WBGU 2019; BMBF 2019) gestaltet der strategische Mensch auch mit der Chance, dass die „Menschheit […] zu sich selbst" kommt (WBGU 2019, S. 7). Hierfür kann dann auch das Zusammenwirken von Menschen und Maschinen im Rahmen einer Strategischen Mensch-Maschine-Partnerschaft hilfreich sein.

> **Tipp** Zur **Verknüpfung von Digitalisierung und nachhaltiger Entwicklung** finden sich seitens WBGU (2019) und BMBF (2019) unter den im Literaturverzeichnis angegebenen zugehörigen Links je nach Situation und Interesse wertvolle Gedanken und Hinweise. Strategische Orientierung bieten zusätzlich weitere ***Systematisierungen von Handlungsfeldern*** wie beispielsweise nach Zelt et al. (2019) in Form der Handlungsfelder (Action Fields) Buildings, Energy & Environment, Mobility, Education, Health und Government mit Bezug zu ***Smart City*** oder beispielsweise nach Deckert und Saß (2020) in Form von ***#BEKBEE*** für ***B***ewegung, ***E***rnährung, ***K***onsum, ***B***esitz, ***E***nergie und ***E***ngagement als Handlungsfelder für nachhaltige Entwicklung insbesondere auf individueller Ebene.

3.2 Strategische Mensch-Maschine-Partnerschaft

> „Der kritische und erfolgsentscheidende Faktor bei KI ist der Mensch." (Zechmeister et al. 2019, S. 44)

Im Angesicht von Herausforderungen wie der **Erreichung einer nachhaltigen Entwicklung,** die in Form der Sustainable Development Goals (SDG) der Vereinten Nationen mit Leitlinien versehen ist, und der **Abwendung von Bedrohungen** für Menschen, wie der Coronavirus-Krise, ist eine **strategische**

Herangehensweise zu empfehlen, die **Denken und Handeln mit Weitblick** fokussiert. Auch vor dem Hintergrund, **nachhaltige Entwicklung und Digitalisierung verbunden zu betrachten** (WBGU 2019; BMBF 2019), gilt es, **ein Zusammenwirken von Mensch und Maschine vorausschauend zielorientiert zu gestalten** und dabei **die jeweiligen Stärken zu nutzen und wirksam zusammenzuführen.** Sich aus dem Einsatz Künstlicher Intelligenz – beispielsweise im medizinischen Bereich (Serag et al. 2019), im wirtschaftlichen Kontext (Seifert et al. 2018) und für die öffentliche Verwaltung (Zechmeister et al. 2019) – ergebende Möglichkeiten sollten wohlreflektiert und im Einklang mit den jeweiligen Rahmenbedingungen versucht werden weiterzuentwickeln. Insbesondere um **Risiken und mögliche Nebenwirkungen** konsequent zu berücksichtigen ist für Strategische Mensch-Maschine-Partnerschaft zu empfehlen, insgesamt Überlegungen zu **Sinngebung, Kontrolle, Teilhabe, Design, Interaktion, Vernetzung** und **Intelligenz** einzubeziehen (Deckert 2020a; Deckert et al. 2019); auch mit Blick auf das Schließen von Strategielücken in der öffentlichen Verwaltung (Deckert 2019a). Diese sieben Begriffs- und Bedeutungskategorien finden sich nachfolgend mit **ausgewählten beispielhaften Gedanken** unterlegt:

Sinngebung

Die Partnerschaft von Menschen und Maschinen wird vorausschauend auf die **Erreichung einer nachhaltigen Entwicklung der Menschheit im planetaren Lebensraum** und auf die **Bewältigung von Bedrohungslagen –** wie beispielsweise durch das Coronavirus – ausgerichtet. Davenport (2016) folgend **obliegt Sinngebung** in Strategischer Mensch-Maschine-Partnerschaft **dem Menschen.** Seitens BMBF (2019) finden sich Digitalisierung betreffend drei Grundüberzeugungen

> **„Die Digitalisierung muss den Menschen in seiner individuellen Entfaltung unterstützen.** [...] **Digitale Technologien müssen der Gesellschaft dienen.** [...] **Die Digitalisierung soll dem Erhalt der natürlichen Lebensgrundlagen dienen und darf ihm nicht entgegenstehen“** (BMBF 2019, S. 8),

die nach BMBF (2019) mit drei Handlungsfeldern einhergehen:

> **„Grundlagen für digitale Nachhaltigkeit schaffen.** [...] **Digitale Technologien nachhaltiger gestalten.** [...] **Nachhaltigkeitsziele digital erreichen.“** (BMBF 2019, S. 8 f.),

Beispielsweise hiervon ausgehend kann eine Strategische Mensch-Maschine-Partnerschaft Sinngebung finden.

Kontrolle

Der Einsatz von (Teil-)Automatisierung und Künstlicher Intelligenz als Entscheidungshilfe **darf nicht dazu führen, dass die Entscheidungen von Menschen in unangemessener Weise zu den Entscheidungen von Maschinen konvergieren und Maschinen eine Funktion in der Legitimation schwieriger Entscheidungen übertragen bekommen, für die der Mensch gegebenenfalls eben gerade auch „besser" entscheiden würde als die Maschine,** wie sich als Problemfelder bei Zechmeister et al. (2019) beschrieben finden. Hier ist Kontrolle erforderlich, denn es schließen hier **mindestens zwei der** nach Floridi et al. (2018) bestehenden **vier Risiken** einer Übernutzung bzw. eines Missbrauchs künstlicher Intelligenz an, die sich beim WBGU (2019, S. 79) mit „**Beseitigung der menschlichen Verantwortung** [Hervorhebung ergänzt]" und „**Reduzierung der menschlichen Kontrolle** [Hervorhebung ergänzt]" bezeichnet finden.

Teilhabe

Vor dem Hintergrund, dass **Algorithmen künstlicher Intelligenz wie Neuronale Netze/Deep Learning** probabilistisch und nicht deterministisch funktionieren, können diese nicht als „allmächtige Automatisierung" eingesetzt werden, sondern sind allenfalls als „Assistenzsysteme" zu betrachten, die intelligent „kritisch hinterfragt werden müssen" (Zechmeister et al. 2019, S. 44). Der Mensch entscheidet und kann dabei je nach Situation durch Künstliche Intelligenz unterstützt werden. **Automatisierung bei festen Entscheidungsregeln** kann seine Grenzen beispielsweise darin finden, dass „programmierte Entscheidungsfindung der Einzelfallgerechtigkeit im Wege" steht und mindestens „atypische Fälle auch weiterhin menschlichen Entscheidern zu überlassen" sind, wie Grashoff und Kalmbach (2019, S. 39) in der Darstellung eines Vortrages von Ariane Berger formulieren. Der Mensch entscheidet und die Maschine hat Teil.

Design

Der Mensch findet in seiner **Kreativität** auch in Zukunft eine wichtige Fähigkeit (Aoun 2017; WEF 2015, 2016; Frey und Osborne 2013). Nach Hill (2019a, S. 42) gilt es mit Blick auf Kompetenzen für die digitale Zukunft etwa „**spielerische, ästhetische und intuitive Ansätze** […] zu fördern [Hervorhebungen ergänzt]" und er verbindet dies mit dem Terminus „Künstlerische Intelligenz/Design". Hier entsteht Anschluss an **strategisches Denken,** das sich nach De Wit und Meyer (2014) im Spannungsfeld **analytisch-logischer** und **intuitiv-holistischer** Prägung erschließt. Design kann hierbei mit einer Funktion des **Lösens von Problemen** (Dorst 2015) und in **Orientierung an humanen bzw. sozialen Zwecken**

(Schweppenhäuser 2016) im Zuge „Großer gesellschaftlicher Herausforderungen“ (Wissenschaftsrat 2015) Potenzial für Problemlösungsbeiträge entfalten.

Interaktion

Ausgehend von einer Entwicklung, in der 1) Mensch-Maschine-Kommunikation im 20. Jahrhundert mehrere Paradigmenwechsel hin zu Assistenzsystemen durchläuft und 2) Mensch-Computer-Interaktion insbesondere unter klassischen Anforderungen rund um Erlernbarkeit, Nutzbarkeit, Fehlervermeidung und Nutzerzufriedenheit (Krömker 2009) diskutiert wird, ist bis heute ein **Spannungsfeld von mensch- und maschinezentrierter Interaktion** festzustellen (Deckert 2020a; Deckert et al. 2019) und es werden seitens des WBGU (2019) hochrangige Empfehlungen betreffend Zulassungsstandards und Frühwarnsysteme im Bereich Mensch-Maschine-Interaktion gegeben.

▶ **Tipp** Zu den Empfehlungen des WBGU (2019), deren Lektüre sich empfiehlt, (vgl. Literaturverzeichnis) gehören insbesondere auch *„Zulassungsstandards und „Frühwarnsysteme" für Produkte und Dienstleistungen im Bereich der Mensch-Maschine-Interaktion".*

Man kann sich fragen, warum „wertvolle zivilisatorische Erfahrungen und Errungenschaften“ – wie Prozesse der Arzneimittelzulassung insbesondere zum Ausschluss übermäßiger Nebenwirkungen oder Ablegen von Führerscheinen – „noch nicht konsequent auf die virtuelle Welt“ (Deckert 2020b, S. 68) bzw. auf die **Interaktion von Mensch und Internet** übertragen werden, womit hier Bezug zu **Kontrolle** oben und zu **Vernetzung** als nachfolgende Begriffs- und Bedeutungskategorie entsteht.

Vernetzung

Auch im Dreiklang von **Digitalisierung, Vernetzung** belebter und unbelebter Materie sowie **KI** als **Künstliche** (oder auch technische oder maschinelle) **Intelligenz** (Deckert 2019b; Deckert und Günther 2018; Lübbecke 2015) spiegelt sich die grundlegende Bedeutung der Möglichkeiten des Internets für die hier angestellten Überlegungen von Informationsasymmetrien bis hin zu digitaler Daseinsvorsorge wieder (vgl. Kap. 2). Betonung finden soll an dieser Stelle einmal mehr eine **für die Lösung komplexer Probleme notwendige Interdisziplinarität, die in der Vernetzung von Vielfalt eine Basis findet,** wie bereits in Abschn. 2.1 angesprochen wurde.

> **Tipp** Hier soll wie beim WBGU (2019) – vgl. zugehörigen Link im Literaturverzeichnis – Betonung finden, dass mit intensiver Vernetzung **Cybersicherheit als Schlüsseltechnologie** einhergeht.

Intelligenz

Menschen und Maschinen können sich **mit Blick auf ihre Stärken gegenseitig ergänzen,** die aufseiten des Menschen – neben beispielsweise **kritischem Denken für komplexe Probleme** (WEF 2015, 2016), **Kreativität** (Aoun 2017; WEF 2015, 2016; Frey und Osborne 2013) und **Neugier** (Scharmer 2018b; WEF 2015, 2016; Willcox et al. 2016) – vor allem auch im Bereich **sozialer und emotionaler Intelligenz** (Wahlster 2017) liegen, wobei sich bei Zechmeister et al. (2019, S. 44) aufseiten des Menschen die **Empathie** als unersetzbare Fähigkeit betont findet, die es „zu erhalten und an den richtigen Stellen effizient einzusetzen" gilt. Grashoff und Kalmbach (2019, S. 37) betonen in der Darstellung eines Vortrages von Hermann Hill, dass auch „an die Vorteile der (bisherigen) von Menschen kontrollierten Abläufe gedacht werden [müsse], nämlich vor allem die Fähigkeit zur **Empathie** [Hervorhebung ergänzt]". Krenn, Hunt und Parycek (2020) kommen mit Rückgriff auf Weizenbaum (1978) auch für die heutige Zeit zu folgendem Ergebnis bezüglich Fähigkeiten zu **Kontextualisierung** und **Intuition:**

> „Die menschliche Denkfähigkeit verfügt zum einen über ein (natürliches) Sprachverstehen und zum anderen über die Befähigung, Probleme zu identifizieren bzw. Fragen zu stellen. […], dass sich menschliche Intelligenz durch weit mehr als programmierbare Informationsverarbeitung auszeichnet, nämlich die Fähigkeit zur Kontextualisierung und zur Intuition. Diese Herausforderungen haben immer noch Aktualität und Gültigkeit." (Krenn, Hunt und Parycek 2020, S. 4)

Hier schließen dann aktuell die Überlegungen von Aoun (2017) betreffend **far transfer** (Fähigkeit des Menschen, Verbindungen zwischen zunächst einmal weit auseinanderliegenden Themen herzustellen) an:

> „[…] no computer has yet displayed creativity, entrepreneurialism, or cultural agility. […] they cannot perform far transfer well, at least not in the infinite contexts of real life. […]
>
> our potential **to master far transfer is our competitive advantage over intelligent machines.** [Hervorhebungen ergänzt]" (Aoun 2017, S. 87)

Mit Blick auf einen zielorientierten und wirkungsvollen Einsatz Strategischer Mensch-Maschine-Partnerschaft sowie mit Blick auf alle hiermit verbundenen Auswirkungen **steht der Mensch zu jeder Zeit in Verantwortung.** Es sollte nicht zu einer **„digitalen Unverantwortlichkeit“** kommen müssen, bei der im Zweifel beispielsweise Anwender auf Programmierer zeigen und umgekehrt, und bei der die eine bzw. den einen allein die Ethik und die andere bzw. den anderen allein Geschäftspotenziale interessieren. Dies zu verhindern ist unser aller Aufgabe, in der jeder von uns Verantwortung übernimmt.

Notwendigkeiten nachhaltiger Entwicklung und die Coronavirus-Krise als Chance
In der Coronavirus-Krise wurde bei mitunter tödlichen Konsequenzen sehr deutlich, dass – hier bewusst pointiert – Interessen der Wirtschaft im Sinne maximalen finanziellen Erfolges nicht immer und unter allen Umständen das alleinige Primat für Denken und Handeln sein können. Hierin liegt einmal mehr die Chance, dass die Welt der Finanzen individuell und gesellschaftlich keinen Selbstzweck darstellt und alle Beteiligten in ihrer jeweiligen Verantwortung auch in Zukunft zu vorausschauenden und nach Werten ausgewogenen Entscheidungen kommen. Das **Maß halten** ist **mit Blick auf die Notwendigkeiten nachhaltiger Entwicklung Gebot unserer Zeit.**

3.3 Denken, Fühlen und Handeln verbinden

> „Fühlen, Denken, Fühlen, Handeln – das ist die Reaktionskette.“ (Müller 2018, S. 62)

Dieses Zitat oben entsteht aus Erfahrungen rund um einen Prozess der Potenzialentfaltung, der „nichts Mystisches ist, sondern aus der ganz natürlichen Art, wahrzunehmen und zu fühlen, heraus entsteht, die im Laufe der Evolution zugunsten kognitiver Leistungen zurückgebildet wurde“ (Müller 2018, S. 62). Dass **Denken, Fühlen und Handeln letztlich zusammenwirken sollten,** wird beispielsweise auch verbunden mit der U-Theorie von Scharmer (2018b) deutlich. Der **Dreiklang von Denken, Fühlen und Handeln** ist sicherlich nicht nur für Veränderung – und insbesondere für „persönliche Entfaltung in Gemeinschaft“ (Deckert 2019b, S. 32) – zu betonen, sondern trägt hohe Bedeutung für unser tagtägliches Miteinander.

Beispiele für ein gutes Gefühl im Alltag

Warum soll man als Bürgerin oder als Bürger eine Behörde, bei der man etwas zu erledigen hatte, nicht zusätzlich und hoffentlich auch **mit einem guten Gefühl** verlassen können? Vielleicht wird dies nicht immer möglich sein, aber zugleich müssen wir dies im täglichen Miteinander ja nicht ausschließen. Im Gegenteil: Jeder kann stets ein Stück weit darauf hinwirken, dass wir alle zusammen auf unser **Denken, Fühlen und Handeln** vor allem im Umgang miteinander achten. ◀

Notwendigkeiten nachhaltiger Entwicklung und die Coronavirus-Krise als Chance

Aus der Coronavirus-Krise heraus könnte **gelebte Solidarität** Bedeutung gewinnen. Es liegt an uns, ob sich hiervon ausgehend Denken, Fühlen und Handeln für unsere Zukunft nachhaltig verbinden lassen. Wir haben die Wahl; jeder von uns jeden Tag.

4 Zusammenfassung und Ausblick

Im Zeitalter von Digitalisierung, Vernetzung und künstlicher (oder auch technischer oder maschineller) Intelligenz **stehen die Gesellschaft insgesamt und damit Bürgerinnen und Bürger sowie Politik und Verwaltung auf vielfältige Weise vor (über-)lebenswichtigen Herausforderungen** vor allem auch die Erreichung einer **nachhaltigen Entwicklung** betreffend. Es gilt verbunden mit **Informations- und Wissensasymmetrien,** individuellen **Kompetenzen** im Umgang mit Daten, Informationen und Wissen, **Entscheidungen** und **Kontrolle, Teilhabe** und **Infrastrukturerhalt** sowie **(digitaler) Daseinsvorsorge** koordiniert Wege in die Zukunft zu beschreiten. Aus einer strategischen Perspektive heraus – die insbesondere auch in den Entwicklungen rund um das neue Steuerungsmodell im 20. Jahrhundert Verankerung findet – können für gesellschaftliche Akteure **erhöhte Transparenz** sowie **verbesserte Analyse- und Steuerungsmöglichkeiten** verfügbar sein. Eine strategische Diskussion hierzu wird in der Gesellschaft nicht in der notwendigen Breite und Tiefe geführt bzw. moderiert. Es kann für **alle Bürgerinnen und Bürger** als wichtig gelten, **sich aus individueller Perspektive mit diesen Entwicklungen und den zugehörigen möglichen und tatsächlichen Auswirkungen auf das eigene Leben intensiv auseinanderzusetzen;** und dies auch mit Blick auf zunehmende **Verknüpfung von Digitalisierung und nachhaltiger Entwicklung.** Im Rahmen der vorliegenden Publikation finden sich für diese Verknüpfung – neben Hinweisen auf weiterführende Quellen – vor allem auch Gedanken zur **Qualität von Informationen,** zur **Rolle und Akzeptanz von Wissenschaft für das eigene Denken und Handeln,** zu **Transparenz,** zu **kritischem Denken** und **Problemlösungsfähigkeiten** sowie weiteren Kompetenzen bis hin zur **Würde des Menschen** und zur **Verantwortung eines bzw. einer jeden einzelnen von uns** für all dies.

R. Deckert, *Digitalisierung, Politik und Verwaltung,* essentials,
https://doi.org/10.1007/978-3-658-30818-6_4

Es gilt, Krisen wie der Coronavirus-Krise durch vorausschauendes Denken und Handeln zu begegnen. Ist eine Krise eingetreten, sind die zu mobilisierenden Ressourcen auf deren Bewältigung zu richten. Zugleich können **aus der Krise heraus** im Zeichen vorausschauenden Denkens und Handelns – bei aller persönlichen Einschränkung und allem Leid und gerade auch zur Vermeidung zukünftigen Leids durch Krisen – möglicherweise **Chancen genutzt werden,** für die Zukunft zu lernen. Hierbei können Chancen auch darin liegen, für eine nachhaltige Entwicklung zu lernen. Allerdings erfordert dies, dass Menschen zum Ende und nach Ende der Krise **nicht wieder automatisch in alle diejenigen alten Gewohnheiten zurückfallen,** die von wenig vorausschauendem Denken und Handeln zeugen. Wir können einmal mehr lernen, dass es **wissenschaftlich fundierte Methoden und Erkenntnisse wertzuschätzen und ausgewogen einzubeziehen gilt;** auch um **mit Vernunft, Weitblick, kritischem Denken und Problemlösungsfähigkeiten sowie dem geplanten Aufbau und Erhalt geeigneter Infrastruktur unliebsame – sowie mitunter tödliche – Auswirkungen zu verhindern.**

Im Zuge der Erreichung einer nachhaltigen Entwicklung wird sich zeigen, ob, welche und auf welche Weise **Leistungen der (auch digitalen) Daseinsvorsorge mit Verlässlichkeit am Wohl der Menschen und der Menschheit insgesamt orientiert** und erbracht werden können; und dies **mit langfristiger Perspektive** sowie **mit Respekt und Wertschätzung für den persönlichen Einsatz von Menschen beispielsweise in den Bereichen Gesundheit und Pflege sowie in (lebens-)wichtiger Versorgung mit Gütern und Dienstleistungen allgemein.**

Entwicklungen rund um **strategische Steuerung, Strategische Mensch-Maschine-Partnerschaft** (#StratMMP) sowie eine wirksame **Verbindung von Denken, Fühlen und Handeln** lassen den **Menschen und seine persönlichen Entscheidungen** in den Fokus rücken. Es gilt persönlichem Einsatz in der Krise und nach der Krise **Respekt** zu zollen und hohe **Wertschätzung** entgegenzubringen. Und, für wirksame Veränderungen ist jede und jeder einzelne von uns ist zu jedem Zeitpunkt gefragt, denn: Systeme übernehmen keine Verantwortung. **Wir übernehmen Verantwortung und wir halten Maß und dies – im Zeitalter des Anthropozäns – für die Zukunft der Menschheit und ihres planetaren Lebensraums Erde.**

Was Sie aus diesem *essential* mitnehmen können

- Einstiegswissen für Bürgerinnen und Bürger zu Informations- und Wissensasymmetrien, Kompetenzen im Umgang mit Daten, Informationen und Wissen, Entscheidungen und Kontrolle, Teilhabe und Infrastrukturerhalt sowie digitaler Daseinsvorsorge als Handlungsfelder für Politik und Verwaltung
- Ausgewählte Gedanken zum Menschen im Mittelpunkt mit Blick auf strategische Steuerung, strategische Mensch-Maschine-Partnerschaft sowie der Verbindung von Denken, Fühlen und Handeln
- Bezüge zu nachhaltiger Entwicklung und zur Coronavirus-Krise als Chance und Anknüpfungspunkte zu weiteren Offline- und Online-Literaturquellen

R. Deckert, *Digitalisierung, Politik und Verwaltung*, essentials,
https://doi.org/10.1007/978-3-658-30818-6

Literatur

Aoun, J. E. (2017). Robot-Proof – Higher Education in the Age of Artificial Intelligence. Cambridge: The MIT Press.

BMBF – Bundesministerium für Bildung und Forschung (2019). Natürlich. Digital. Nachhaltig. Ein Aktionsplan des BMBF. https://www.bmbf.de/upload_filestore/pub/Natuerlich_Digital_Nachhaltig.pdf. Zugegriffen: 29.03.2020.

Broussard, M. (2018). Artificial Unintelligence – How Computers Misunderstand the World. Cambridge: The MIT Press.

Brynjolfsson, E., McAfee, A. (2017). The Business of Artificial Intelligence, What it can – and cannot – do for your organization. Harvard Business Review. https://hbr.org/cover-story/2017/07/the-business-of-artificial-intelligence. Zugegriffen: 01.07.2018.

Budäus, D., Buchholtz, K. (1997). Konzeptionelle Grundlagen des Controlling in öffentlichen Verwaltungen, DBW, 57. Jg., Heft 3, S. 322–337.

Davenport, T. H. (2016). Rise of the Strategy Machines. MIT Sloan Management Review. Special Collection. Fall 2016. S. 22–23. http://marketing.mitsmr.com/offers/FR2016/MITSMR-Frontiers-collection.pdf. Zugegriffen: 16.05.2020.

Deckert, R. (2020a). Digitalisierung und nachhaltige Entwicklung – Vernetztes Denken, Fühlen und Handeln für unsere Zukunft. Wiesbaden: Springer Gabler.

Deckert, R. (2020b). „Das Potenzial liegt in einer strategischen Partnerschaft". HR performance. S. 68–69. https://www.hrperformance-online.de/media/archive/49/e7/8f/epaper-HR_Performance_1-2020/index.html#68. Zugegriffen: 18.04.2020.

Deckert, R. (2019a). Strategielücke als Digitalisierungshindernis in der öffentlichen Verwaltung? – Strategische Mensch-Maschine-Partnerschaft als Zukunftsbild. In: Schmid, A. (Hrsg.) Verwaltung, eGovernment und Digitalisierung – Grundlagen, Konzepte und Anwendungsfälle. Wiesbaden: Springer Gabler. S. 89–100.

Deckert, R. (2019b). Digitalisierung und Industrie 4.0 – Technologischer Wandel und individuelle Weiterentwicklung, Wiesbaden: Springer Gabler.

Deckert R. (2006). Steuerung von Verwaltungen über Ziele – Konzeptionelle Grundlagen unter besonderer Berücksichtigung des Neuen Steuerungsmodells. Dissertation. Universität Hamburg. https://ediss.sub.uni-hamburg.de/volltexte/2006/2789/. Zugegriffen: 08.03.2020.

R. Deckert, *Digitalisierung, Politik und Verwaltung,* essentials,
https://doi.org/10.1007/978-3-658-30818-6

Deckert, R., Günther, A. (2018). Digitalisierung und Industrie 4.0 – Eine Einführung zu ausgewählten neueren Entwicklungen in Wirtschaft und Gesellschaft. Digitaler HTML5-Studienbrief. HFH · Hamburger Fern-Hochschule. http://digitale-skripte.hfh-fernstudium.de/GBW/GBW005.html. Zugegriffen: 08.03.2020.

Deckert, R., Langer, A. (2018). Digitalisierung und Technisierung sozialer Dienstleistungen. In: Langer, A. & Grundwald, K. (Hrsg.) Sozialwirtschaft – Handbuch für Wissenschaft und Praxis (S. 872–889), Baden-Baden: Nomos.

Deckert, R., Metz, M., Günther, A. (2019). Strategische Mensch-Maschine-Partnerschaft – Begriffs- und Bedeutungskategorien ausgehend von Digitalisierung, nachhaltiger Entwicklung und weiteren Kontexten. Diskussionsbeiträge Fachbereich Technik, HFH · Hamburger Fern-Hochschule, ISSN 2629-5482, Nr. 5/2019. https://www.researchgate.net/publication/336471430_Strategische_Mensch-Maschine-Partnerschaft_-_Begriffs-_und_Bedeutungskategorien_ausgehend_von_Digitalisierung_nachhaltiger_Entwicklung_und_weiteren_Kontexten. Zugegriffen: 28.03.2020.

Deckert, R., Saß, A. (2020). Digitalisierung und Energiewirtschaft – Technologischer Wandel und wirtschaftliche Entwicklung, Wiesbaden: Springer Gabler.

De Wit, B., Meyer, R. (2014). Strategy – An International Perspective. Fifth edition. Singapore: Seng Lee Press.

Dorst, K. (2015). Frame Creation and Design in the Expanded Field. She Ji: The Journal of Design, Economics, and Innovation. Volume 1. Issue 1, Autumn 2015, Pages 22–33. http://dx.doi.org/10.1016/j.sheji.2015.07.003. Zugegriffen: 30.03.2020.

Floridi, L., Cowls, J., Beltrametti, M., Chatila, R., Chazerand, P., Dignum, V., Luetge, C., Madelin, R., Pagallo, U., Rossi, F., Schafer, B., Valcke, P. und Vayena, E. (2018). AI4People's Ethical Framework for a Good AI Society: Opportunities, Risks, Principles, and Recommendations. Minds & Machines 28, 689–707. https://doi.org/10.1007/s11023-018-9482-5. Zugegriffen: 07.04.2020.

Frey, C. B., Osborne, M. A. (2013). The Future of Employment: How Susceptible are Jobs to Computerization?, University of Oxford. http://www.oxfordmartin.ox.ac.uk/downloads/academic/The_Future_of_Employment.pdf. Zugegriffen: 30.03.2020.

Grashoff, P., Kalmbach, P. (2019). Brauchen wir eine neue Staatskunst? Innovative Verwaltung. 7–8/2019. S. 36–39.

Hill, H. (2019a). Strategien und Kompetenzen für die digitale Zukunft. Innovative Verwaltung. 11/2019. S. 40–42.

Hill, H. (2019b). Individuelle Beiträge in der Diskussion der Fachbeiräte der innovativen Verwaltung zu den Herausforderungen der Digitalisierung und die neuen Anforderungen an die öffentliche Verwaltung mit dem Titel „Kontinuierlich kleine Erfolgsgeschichten verbreiten". Innovative Verwaltung. 12/2019. S. 32–35.

Hsu, J. (2019). Humans Fold: AI Conquers Poker's Final Milestone – A new program outperforms professionals in six-player games. Could business, political or military applications come next? Scientific American. July 11, 2019. https://www.scientificamerican.com/article/ai-conquers-six-player-poker/. Zugegriffen: 09.03.2020.

Initiative D21 (2019). D21 Digital Index 2018/2019 – Jährliches Lagebild zur Digitalen Gesellschaft, Studie der Initiative D21 durchgeführt von Kantar TNS. https://initiatived21.de/app/uploads/2019/01/d21_index2018_2019.pdf. Zugegriffen: 16.05.2020.

Initiative D21 (2018). D21 Digital Index 2017/2018 – Jährliches Lagebild zur Digitalen Gesellschaft, Studie der Initiative D21 durchgeführt von Kantar TNS. https://initiatived21.de/app/uploads/2018/01/d21-digital-index_2017_2018.pdf. Zugegriffen: 16.05.2020.

IPBES (2019). Summary for policymakers of the global assessment report on biodiversity and ecosystem services of the Intergovernmental Science-Policy Platform on Biodiversity and Ecosystem Services. https://www.ipbes.net/system/tdf/ipbes_7_10_add.1_en_1.pdf?file=1&type=node&id=35329. Zugegriffen: 09.03.2020.

IPCC (2018). Zusammenfassung für politische Entscheidungsträger. In: 1,5 °C globale Erwärmung. Ein IPCC-Sonderbericht über die Folgen einer globalen Erwärmung um 1,5 °C gegenüber vorindustriellem Niveau und die damit verbundenen globalen Treibhausgasemissionspfade im Zusammenhang mit einer Stärkung der weltweiten Reaktion auf die Bedrohung durch den Klimawandel, nachhaltiger Entwicklung und Anstrengungen zur Beseitigung von Armut. [V. Masson-Delmotte, P. Zhai, H. O. Pörtner, D. Roberts, J. Skea, P. R. Shukla, A. Pirani, W. Moufouma-Okia, C. Péan, R. Pidcock, S. Connors, J. B. R. Matthews, Y. Chen, X. Zhou, M. I. Gomis, E. Lonnoy, T. Maycock, M. Tignor, T. Waterfield (Hrsg.)]. World Meteorological Organization, Genf, Schweiz. Deutsche Übersetzung auf Basis der Version vom 14.11.2018. Deutsche IPCC-Koordinierungsstelle, ProClim/SCNAT, Österreichisches Umweltbundesamt, Bonn/Bern/Wien, November 2018. URL: https://www.de-ipcc.de/media/content/SR1.5-SPM_de_barrierefrei.pdf. Zugegriffen: 09.03.2020.

IPCC (2014). Klimaänderung 2014: Synthesebericht. Beitrag der Arbeitsgruppen I, II und III zum Fünften Sachstandsbericht des Zwischenstaatlichen Ausschusses für Klimaänderungen (IPCC) [Hauptautoren, R.K. Pachauri und L.A. Meyer (Hrsg.)]. Genf: IPCC. Deutsche Übersetzung durch Deutsche IPCC-Koordinierungsstelle, Bonn, 2016. http://www.de-ipcc.de/media/content/IPCC-AR5_SYR_barrierefrei.pdf. Zugegriffen: 09.03.2020.

Jordan, M. I. (2019). Artificial Intelligence – The Revolution Hasn't Happened Yet. Harvard Data Science Review (HDSR). Issue 1. https://hdsr.mitpress.mit.edu/pub/wot7mkc1. Zugegriffen: 28.03.2020.

Krenn, K., Hunt, S., Parycek, P. (2020). Künstliche Intelligenz – Perspektiven und Herausforderungen. In: Krenn, K., Hunt, S., Parycek, P. (Hrsg.). (Un)ergründlich? Künstliche Intelligenz als Ordnungsstifterin. Kompetenzzentrum Öffentliche IT. https://www.oeffentliche-it.de/documents/10181/14412/(Un)ergr%C3%BCndlich+-+K%C3%BCnstliche+Intelligenz+als+Ordnungsstifterin. Zugegriffen: 16.05.2020. S. 3–16.

Krömker, D. (2009). Human Computer Interaction. Gestaltung und Implementierung effektiver und effizienter Benutzungsschnittstellen. URL: http://www.gdv.informatik.uni-frankfurt.de/lehre/ws2009/HCI/HCI_WS0910_V0.pdf. Zugegriffen: 07.04.2020.

Lasar, A. (2019). Die Herausforderungen der Kommunen im Rahmen der Digitalisierung. In: Schmid, A. (Hrsg.) Verwaltung, eGovernment und Digitalisierung – Grundlagen, Konzepte und Anwendungsfälle. Wiesbaden: Springer Gabler. S. 101–111.

Lennardt, J. (2019). Individuelle Beiträge in der Diskussion der Fachbeiräte der innovativen Verwaltung zu den Herausforderungen der Digitalisierung und die neuen Anforderungen an die öffentliche Verwaltung mit dem Titel „Kontinuierlich kleine Erfolgsgeschichten verbreiten". Innovative Verwaltung. 12/2019. S. 32–35.

Lübbecke, M. (2015). Industrie 5.0. https://mluebbecke.wordpress.com/2015/12/16/industrie-5-0/. Zugegriffen: 08.03.2020.

Luhmann, N. (2000) Organisation und Entscheidung. Opladen/Wiesbaden: Westdeutscher Verlag.

Luhmann, N. (1976). Funktionen und Folgen formaler Organisation, 3. Auflage, Berlin: Duncker & Humblot.

Luhmann, N. (1968) Zweckbegriff und Systemrationalität – Über die Funktionen von Zwecken in sozialen Systemen. Tübingen: J.C.B. Mohr (Paul Siebeck).

Manke, S. (2019). Geleitwort des CIO des Lands Niedersachsen. In: Schmid, A. (Hrsg.) Verwaltung, eGovernment und Digitalisierung – Grundlagen, Konzepte und Anwendungsfälle. Wiesbaden: Springer Gabler. S. V–VI.

Mason, R., Mitroff, I. (1981). Complexity: The nature of real world problems. In: De Wit, B., Meyer, R. (2014). Strategy – An International Perspective. Fifth edition. Singapore: Seng Lee Press. S. 25–31.

Meadows, D. H., Meadows, D. L., Randers, J., Behrens, W. W. (1972). The Limits to Growth. A Report for THE CLUB OF ROME's Project on the Predicament of Mankind. New York: Universe Books. http://www.donellameadows.org/wp-content/userfiles/Limits-to-Growth-digital-scan-version.pdf. Zugegriffen: 24.11.2019.

Meineke, C. (2019). Individuelle Beiträge in der Diskussion der Fachbeiräte der innovativen Verwaltung zu den Herausforderungen der Digitalisierung und die neuen Anforderungen an die öffentliche Verwaltung mit dem Titel „Kontinuierlich kleine Erfolgsgeschichten verbreiten“. Innovative Verwaltung. 12/2019. S. 32–35.

Müller, S. O. (2018). Einfach loslegen. In: Hüther, G., Müller S. O., Bauer, N. (Hrsg.). Wie Träume wahr werden – Das Geheimnis der Potenzialentfaltung. München: Goldmann. S. 57–63.

Müller, T., Peper, B. H. (2019). Die Automatisierung von Prozessen und Entscheidungen in der Verwaltung. In: Schmid, A. (Hrsg.) Verwaltung, eGovernment und Digitalisierung – Grundlagen, Konzepte und Anwendungsfälle. Wiesbaden: Springer Gabler. S. 241–250.

OECD (2019). Wireless mobile broadband subscriptions (indicator). URL: https://data.oecd.org/broadband/wireless-mobile-broadband-subscriptions.htm. Zugegriffen: 16.05.2020.

O'Neil, C., Schutt, R. (2014). Doing Data Science – Straight talk from the frontline. Third release. Sebastopol, CA: O'Reilly Media.

ÖAW – Österreichische Akademie der Wissenschaften (2019). "KI WIRD ALLE BEREICHE DES LEBENS UMKREMPELN". https://www.oeaw.ac.at/detail/news/ki-wird-alle-bereiche-des-lebens-umkrempeln/. Zugegriffen: 28.03.2020.

Parmar, B. L., Freeman, R. E. (2016). Ethics and the Algorithm – Behind every piece of code that drives our decisions is a human making judgments — about what matters and what does not. MIT Sloan Management Review. Special Collection. Fall 2016. S. 10–11. http://marketing.mitsmr.com/offers/FR2016/MITSMR-Frontiers-collection.pdf. Zugegriffen: 16.05.2020.

Randers, J. (2012). 2052 – A Global Forecast for the Next Forty Years, A REPORT TO THE CLUB OF ROME COMEMORATING THE 40TH ANNIVERSARY OF The Limits to Growth, Vermont: Chelsea Green Publishing.

Riedel, J. (2019). Identitäten als Schlüsselfaktor für medienbruchfreie digitale Prozesse. In: Schmid, A. (Hrsg.) Verwaltung, eGovernment und Digitalisierung – Grundlagen, Konzepte und Anwendungsfälle. Wiesbaden: Springer Gabler. S. 23–30.

Schäfer, M. (2020). Daseinsvorsorge. Gabler Wirtschaftslexikon. https://wirtschaftslexikon.gabler.de/definition/daseinsvorsorge-28469. Zugegriffen: 06.04.2020.

Scharmer, O. (2018a). Education is the kindling of a flame: How to reinvent the 21st-century university. Huffpost. https://www.huffingtonpost.com/entry/education-is-the-kindling-of-a-flame-how-to-reinvent_us_5a4ffec5e4b0ee59d41c0a9f. Zugegriffen: 04.04.2020.

Scharmer, O. (2018b). The Essentials of Theory U – Core Principles and Applications. Oakland: Berrett-Koehler.

Schmid, A. (2019). Verwaltungsinformatik und eGovernment im Zeichen der Digitalisierung – Zeit für ein neues Paradigma. In: Schmid, A. (Hrsg.) Verwaltung, eGovernment und Digitalisierung – Grundlagen, Konzepte und Anwendungsfälle. Wiesbaden: Springer Gabler. S. 3–21.

Schweppenhäuser, G. (2016): Designtheorie. Wiesbaden: Springer Gabler.

Seifert, I., Bürger, M., Wangler, L., Christmann-Budian, S., Rohde, M., Gabriel, P., Zinke, G. (2018). Potenziale der Künstlichen Intelligenz im produzierenden Gewerbe in Deutschland. Begleitforschung PAiCE. Berlin: iit-Institut für Innovation und Technik in der VDI / VDE Innovation + Technik GmbH. https://www.bmwi.de/Redaktion/DE/Publikationen/Studien/potenziale-kuenstlichen-intelligenz-im-produzierenden-gewerbe-in-deutschland.pdf. Zugegriffen: 29.03.2020.

Serag, A., Ion-Margineanu, A., Qureshi, H., McMillan, R., Saint Martin, M. J., Diamond, J., O'Reilly, P., Hamilton, P. (2019) Translational AI and Deep Learning in Diagnostic Pathology. Frontiers in Medicine. 2019. 6:185. https://doi.org/10.3389/fmed.2019.00185. https://europepmc.org/article/PMC/6779702. Zugegriffen: 29.03.2020.

Spice, B. (2017). Carnegie Mellon Artificial Intelligence Beats Top Poker Pros – Historic win at Rivers Casino is first against best human players. www.cmu.edu/news/stories/archives/2017/january/AI-beats-poker-pros.html. Zugegriffen: 09.03.2020.

Stifterverband für die Deutsche Wissenschaft (2019, Hrsg.). Für morgen befähigen. Hochschul-Bildungs-Report 2020. Jahresbericht 2019, in Kooperation mit McKinsey & Company. https://www.stifterverband.org/download/file/fid/7803. Zugegriffen: 28.03.2020.

United Nations (2018). Internet milestone reached, as more than 50 per cent go online: UN telecoms agency. https://news.un.org/en/story/2018/12/1027991. Zugegriffen: 16.05.2020.

United Nations (2016). Nearly 47 per cent of global population now online – UN report. https://news.un.org/en/story/2016/09/539112-nearly-47-cent-global-population-now-online-un-report. Zugegriffen: 16.05.2020.

Voigt, M., Sinemus, K., Liebetanz, D. (2020). Weißbuch Digitale Daseinsvorsorge stärken. Berlin: Quadriga Hochschule. https://www.quadriga-university.com/de/forschung/digitale-transformation/digital-public-affairs. Zugegriffen: 16.05.2020.

Wahlster, W. (2017). Künstliche Intelligenz für den Menschen: Digitalisierung mit Verstand. URL: http://www.uni-mainz.de/downloads_presse/freunde_stiftungsprofessur2017_expose.pdf. Zugegriffen: 30.03.2020.

WBGU – Wissenschaftlicher Beirat der Bundesregierung Globale Umweltveränderungen (2019). Unsere gemeinsame digitale Zukunft. Hauptgutachten. Berlin: WBGU. https://www.wbgu.de/fileadmin/user_upload/wbgu/publikationen/hauptgutachten/hg2019/pdf/wbgu_hg2019.pdf. Zugegriffen: 16.05.2020.

WEF – World Economic Forum (2015). New Vision for Education: Unlocking the Potential of Technology. Prepared in collaboration with The Boston Consulting Group. http://www3.weforum.org/docs/WEFUSA_NewVisionforEducation_Report2015.pdf. Zugegriffen: 30.03.2020.

WEF – World Economic Forum (WEF) (2016). New Vision for Education: Fostering Social and Emotional Learning through Technology. Prepared in collaboration with The Boston Consulting Group. http://www3.weforum.org/docs/WEF_New_Vision_for_Education.pdf. Zugegriffen: 30.03.2020.

Weizenbaum, J. (1978). Die Macht der Computer und die Ohnmacht der Vernunft. Frankfurt a. M.: Suhrkamp.

Willcox, K. E., Sarma., S., Lippel, P. H. (2016). Online Education: A Catalyst for Higher Education Reforms. MIT Massachusetts Institute of Technology ONLINE EDUCATION POLICY INITIATIVE. FINAL REPORT. https://oepi.mit.edu/files/2016/09/MIT-Online-Education-Policy-Initiative-April-2016.pdf. Zugegriffen: 30.03.2020.

Wille, J. (2020). „Wir brauchen einen Klima-Corona-Vertrag“. https://www.klimareporter.de/gesellschaft/wir-brauchen-einen-klima-corona-vertrag. Zugegriffen: 30.03.2020.

Wissenschaftsrat (2015, Hrsg.). Zum wissenschaftspolitischen Diskurs über große gesellschaftliche Herausforderungen – Positionspapier. Drs. 4594-15. Verabschiedet in Stuttgart, April 2015. https://www.wissenschaftsrat.de/download/archiv/4594-15.pdf. Zugegriffen: 08.03.2020.

Zechmeister, F., Ziegelmeir, M., Zepic, R., Krcmar, H. (2019). Die Potenziale der Künstlichen Intelligenz. Innovative Verwaltung. 7–8/2019. S. 42–44.

Zelt, T., Narloch, D. U., Eikmanns, B., Ibel, J. (2019). The Smart City Breakaway – How a small group of leading digital cities is outpacing the rest. München: Roland Berger GmbH. https://www.rolandberger.com/publications/publication_pdf/roland_berger_smart_city_breakaway_1.pdf. Zugegriffen: 24.04.2020.